U0910279

华为崛起

THE RISE OF HUAWEI

王民盛◎著

台海出版社

图书在版编目（CIP）数据

华为崛起 / 王民盛著. —北京：台海出版社，2019.8（2020.4重印）

ISBN 978-7-5168-2420-7

Ⅰ. ①华… Ⅱ. ①王… Ⅲ. ①通信企业—企业管理—研究—深圳 Ⅳ. ①F632.765.3

中国版本图书馆CIP数据核字（2019）第168089号

华为崛起

HUAWEI JUEQI

著　　者　王民盛

出 版 人　蔡　旭
监　　制　武　亮　刘一寒
责任编辑　曹任云
装帧设计　末末美书

出　　版　台海出版社
地　　址　北京市东城区景山东街20号
邮　　编　100007
电　　话　010-64041652（发行，邮购）
传　　真　010-84045799（总编室）
网　　址　www.taimeng.org.cn/thcbs/default.htm
电子邮箱　thcbs@126.com

发　　行　全国各地新华书店
印　　刷　北京中科印刷有限公司

开　　本　670mm × 970mm　1/16
字　　数　260千字
印　　张　22
版　　次　2019年8月第1版
印　　次　2020年4月第2次印刷

书　　号　ISBN 978-7-5168-2420-7
定　　价　56.00元

目录 | Contents

前　言　美国打压华为这事很复杂

第一章　华为诞生前的百年通信风云

第二章　任正非被迫走上创业之路

第三章　任正非的工业情怀是如何炼成的

第四章　“使命愿景价值观”，华为动力的源泉

第五章　义乌开局，华为的生死之战

第六章　迷茫时刻，华为的坚守

第七章 “农村包围城市”背后的金融“魔法”

第八章 任正非是如何进行“分形创新”的

第九章 华为高效研发的奥秘

第十章 “狼性”竞争：华为凶狠的市场攻伐

第十一章　3G 通信之“权力的游戏”

第十二章　华为的冬天

第十三章　任正非世界观的破与立

第十四章　金融大鳄如何推动华为的全球布局

第十五章　华为挑战思科的全球霸权

第十六章　华为与思科的世纪专利大战

第十七章　那些杀不死我的，终将使我更强大

第十八章　伟大的博弈：从 3G 到 4G

第十九章　华为终端的崛起

第二十章　华为与中国的未来

前　言

美国打压华为这事很复杂

一、美国为什么打压华为

2019年，持续一年的中美贸易战不断升温，中国的华为公司成为舆论的热点，几乎天天上新闻头条。

美国使出一系列手段打击中国的科技公司华为。甚至动用国家力量公开打压他国的商业公司，全然不顾此举对颜面和声望造成怎样的负面影响。

美国这么做，到底出于什么动机？

摆在表面上的理由是，美国认为，现代通信设备超级复杂，需要厂家实时维护，而华为作为受中国政府控制的一家通信设备供应商，也许会在未来的某个时候，在通信设备中设置后门，对其他国家的安全造成影响。因此美国不仅自己不遗余力地打压华为，还尽可能施压它的各个盟友，要求大家共同拒绝华为的设备。

这可真是现实版的“莫须有”指控！

按照同样的逻辑，现代金融市场超级复杂，而华尔街又具有强大的金融市场控制力，也许在某个时候，华尔街会利用金融市场的力量打击他国，对他国金融安全造成影响。因此其他国家可以切断与华尔街的一切联系，不要让它兴风作浪。

比起对华为的指控，华尔街却危害了其他国家和地区的金融安全。比如20世纪80年代的拉美债务危机、日本失去二十年的金融危机、20世纪90年代的亚洲金融危机、2008年的世界金融危机，与华尔街都有脱不开的关系。

受到金融危机影响的国家大都损失惨重，但是每次美国都能从金融危机中大大获益。从某种程度上来说，整个世界都成为华尔街的“渔场”。

其他国家一旦进行金融管制，或者实行不跟随美国的独立货币政策，立马就会被美国攻击，进行各种制裁……

也许有人会奇怪，华为明明是一家通信设备公司，为什么我要谈金融的话题，是不是跑题了？

这件事情表面上看，是因为华为作为下一代通信技术（即5G）综合实力最强的公司，却不是美国公司而是一家中国公司，激起了美国的戒备。但是，美国的反应远远超出了商业和技术的范畴。仅仅局限于商业或技术竞争的角度，是说不通的。

要说清楚这件事，至少要追溯到一百年前。这里面水深不见底，涉及美国“二战”后的全球战略和布局，其中牵涉到包括金融在内的方方面面。

二、过去一百年世界发生了什么

一百年前，20世纪20年代，第一次世界大战刚刚结束，世界经济在美国的带动下，进入快速恢复期。这段时间在美国被称为“咆哮的二十年代”（Roaring Twenties）。

有人称这是“历史上最为多彩的年代”。第二次工业革命的几项重大技术突破，到此时进入了全面收获期。

在当时的人们看来，现代科学似乎能够化一切为可能，经济与技术的发展潜力似乎无限巨大，所有人都感到一个全新时代即将到来。诸如火车、汽车等先进交通工具的普及，电话以及无线电等面向受众的通信手段蓬勃发展，使得现代主义思潮在民众间扩散，许多新式消费品涌入市场，造就经济的爆发性繁荣。

基础设施建设日新月异，大众消费市场空前繁荣，人们相信明天一切会更好。伴随着工业高速发展，公路、铁路运输系统不断得以扩建以及摩天大楼开始出现，大量人口从农村涌向城市，美国的城市人口比例首次突破50%。与此同时，贫富差距迅速拉大、金融市场的过度投机、消费主义过度泛滥以及崇尚奢靡浮华的风气，也在瓦解美国清教传统的勤俭节约、艰苦奋斗等优良作风。

然而，这一切乐观与激情，浮华与喧嚣，在1929年10月29日开始的纽约股市暴跌中化为乌有。以纽约为起点，这场金融危机迅速蔓延至全球，随之引发严重的经济危机。

这就是1929年到1933年那场席卷全球的“大萧条”。

到底是什么原因引发了“大萧条”？

各种经济流派各自拿出了各种各样的解释，众说纷纭，莫衷一是。

其实原因可以归结为简简单单九个字：有效购买力相对不足。

所谓“有效购买力”，是指人的真实需求要结合手中的货币才能成为市场上的实际购买力。人的需求是个区间函数，存在上限和下限。手中的货币低于需求下限，人无法生存；高于上限，对于促进消费的作用就极为有限了。在两者之间，通常会花掉大部分，留下少量以应对不时之需。

比如月收入2000到2万的群体，差别无非是手机用红米还是苹果，平时在家做饭、吃大排档还是海底捞，出行靠公交、打的还是自驾。但是月收入5万以上，他的消费就不会随着收入线性增长了，亿万富豪的消费与收入相比就更加有限，大部分财富就要通过实业投资或金融投资来获取。

所谓“相对不足”，是指需求相对于供给的不足，也就是劳动生产率大大超出了需求增长的需要。

从1920年到1929年，工人每小时的工资只上升了2%，而工人的劳动生产率却猛增了55%。技术的快速进步不仅没有缓解问题，反而进一步加剧了矛盾。机器大量应用，对于工人文化水平的要求越来越高，能够拿到较高工资的只有汽车、装备制造等少数当时的高科技部门，大量低技能工人被淘汰出局，只能从事收入更低的服务业。

与此同时，农民的实际收入也由于农产品价格的不断下跌、租税和生活费用的日益上升而减少。1910年，农场工人的收入约为非农场工人收入的40%，而到1930年时，这一比例已低于30%。

需要指出的是，现在我们熟悉的白领阶层，是在“二战”后通信技术大发展后才大量涌现的，当时作为一个阶层它还不存在，蓝领工人和农场工人就是人口的绝对主体，占到总人口的90%。

在市场经济中，所有的供给只有被消费才有意义，也就是供给在经济循环中要被消灭掉，不要产生囤积，才能推动经济和货币的良性循环。

可以用如下简化公式表示：商品总售价=工资+利润。

为了维持经济运转，所需的总购买力（等于商品总售价）等于工资和利润之和。但是，只有工资才能基本转化为有效购买力，利润部分通常会作为投资，不仅不会对消灭供给做出贡献，还会转化为更高的供给能力，进一步抬升有效供给，也就提升了对总购买力的要求。

在资本主义制度下，需求相对于供给的缺口与生俱来，是无法克服的固有矛盾。

为了解决这个矛盾，就要放大购买力，其中最便捷的手段就是消费信贷。人们所熟悉的消费分期贷款，正是在20世纪20年代风行开来的。买台收音机可以分期，买辆自行车可以分期，买汽车买房当然更可以分期。微薄的收入加上信贷杠杆，可以勉强提供对于经济发展至关重要的有效购买力。

很显然，这是寅吃卯粮、透支未来的权宜之计，以给未来埋雷为代价，维持当下的经济运行。

这个世界总是有一些规则无法违背，“出来混总是要还的”。

金融工具通过对购买力注水来维持表面的供需平衡，会随着实际的供需差距拉大变得越来越脆弱，表现为负债的不断攀升，终究会通过某种方式重新回归合理区间，拖得越久后果越严重。拖到最后不得不还的债务出清过程，就是金融危机。金融危机中，信用大幅紧缩，导致原先就存在的供给需求矛盾更加突出，从而引爆经济危机。

各种设计精巧的金融创新确实可以把“要还”的期限推后，有时确实能起到逆转乾坤的效果。因为只要能击败竞争对手，可以获得巨大红利，债务窟窿就不再是问题。

比如17世纪至18世纪英国与法国之间的百年争霸，英国通过加杠杆的方式[①]与只能依靠税收现金流的法国对抗，终于把人口规模是自己三倍的法国打败。战争的巨大红利不但弥补了越滚越大的国债窟窿，还使得英国一跃成为世界霸主。

当经济系统因有效购买力不足导致无法运转时，还有一个选项，那就是战争。于是，大萧条[②]之后紧接着爆发了第二次世界大战。通过这场规模空前的战争，以伤亡近1亿人、消灭约5万亿美元的物质财富为代价，终于弥合了购买力不足的矛盾，还推动“二战”后二十年的快速发展。这段时间被称为资本主义的“黄金时代”。

但是，这场战争的代价实在是太大了，其规模超出了所有人的估计。更重要的是，原子弹这一终极杀器被制造出来，导致任何大国也无法承受一场全面战争的代价。

战争不再是一个解决经济危机的可选项。经济危机还会周期性爆发，推动共产主义革命运动风起云涌。“二战”后初期，共产主义的影响力席卷全球，各资本主义政府都在恐惧本国爆发革命。

---

① 英国通过国债募集资金。

② 大萧条，是指1929年至1933年之间发源于美国，后来波及整个资本主义世界的经济危机。

正是在这种恐慌的背景下，美国爆发了“麦卡锡主义”的政治迫害运动。

然而，无论是恐慌还是迫害，都不能解决实际问题，反而会把事情变得更糟，终究还是要回到经济系统的框架内，面对经济危机这个可怕的幽灵。

三、如何应对经济危机幽灵

在资本主义框架内，当时有三种不同的理论来应对经济危机。

传统的古典自由主义经济学认为，商业活动必然是周期性运行的，每个周期经历四个阶段：繁荣、衰退、萧条和复苏。繁荣之后必然会有衰退，而衰退之后又必然会有复苏期。当经济无可避免地进入衰退期时，政府应当什么也不做等待其自然恢复，或者采取减少开支等紧缩政策加速周期运行，使得人们更快恢复商业信心，从而迎来下一次复苏。

结合这一理论，美林银行在2004年提出了各个阶段的投资指导原则，也就是美林投资时钟模型（如图1所示）。

美林投资时钟模型提出四年后，就因为美国的房地产次贷问题引发全球性金融危机，各国政府完全不按自由主义的套路出牌，大肆QE[①]放水救市，有人戏称“美林时钟”已经变成了“美林电风扇”。但是在20世纪30年代，各国政府都是严格遵守自由主义的教条的，他们不敢越雷池一步，

① QE（Quantitative Easing），即量化宽松政策，简单理解就是“印钱”。

怕导致危机越发严重。

各国政府救市的理论基础，来自英国经济学家约翰·梅纳德·凯恩斯，也就是第二种应对经济危机的方案。

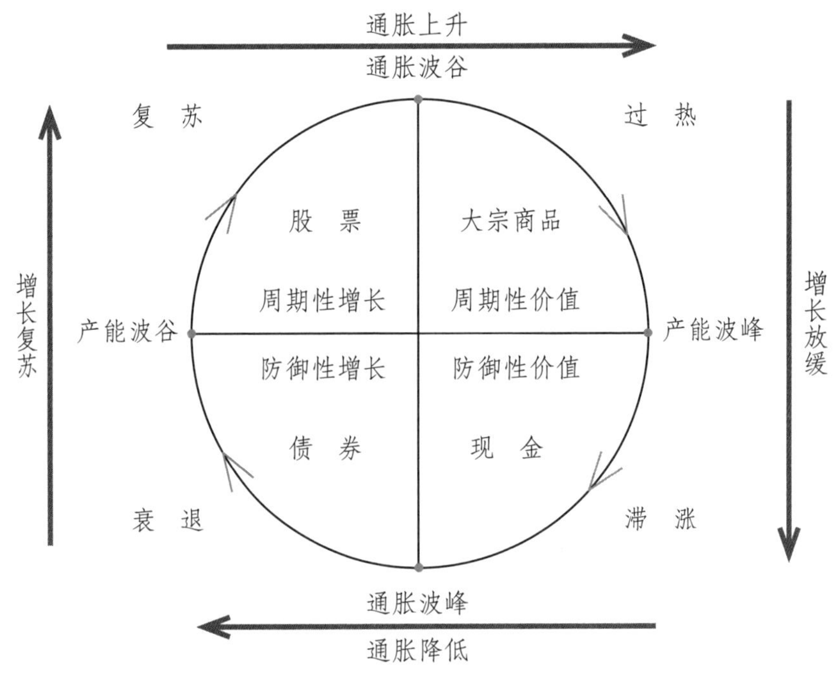

图1　美林投资时钟模型

凯恩斯对经济危机提出了不同于古典自由主义经济学的看法。针对有效购买力不足的问题，他提出政府应当积极介入，通过增加货币供应、安排市政工程、税收等措施来刺激经济发展。他认为，政府的干预旨在帮助失业者重返工作岗位并将更多的钱分配给低收入者，从而带来整体需求增加，拉动经济走出困境，重新建立良性循环。

第三种应对经济危机的理论，来自奥地利经济学家约瑟夫·熊彼特。

这一理论也被称作“创造性破坏理论”。与前述两种理论将经济危机完全看作消极影响不同，熊彼特把经济危机看作创造性与毁灭性并存的阶段。熊彼特将“创新”看作经济发展的第一推动力，经济衰退是旧的经济结构走向没落，一些企业家为了求存，利用新技术创造新的经济结构，然而新的经济结构正在孕育过程中，尚未取代旧经济结构，而且在转换过程中，新结构也会对旧结构造成破坏，因此表现为经济整体下滑。

形象地说就是“旧的不去，新的不来”。

举个最近的例子。智能手机取代功能手机就是一种创造性破坏，这种转换绝不是平缓的，其中伴随着老企业倒闭破产，新企业在废墟中崛起。

如何理解上述三种应对经济危机的方案呢？我们用人生病看医生进行类比。

古典自由主义经济学相当于建议病人多喝水多休息，等待其自然痊愈。这种方法说白了，就是纯靠身体底子来硬抗。在经济规模不大的时候，效果还可以，但是随着经济规模越来越大，症状越来越明显，衰退期再采取紧缩政策，简直就是“雪上加霜”，不仅无法治好病，反而会使得症状更加严重，危机时间更长。

如果世界上只有一个国家还好说，反正怎么折腾，肉也会烂在锅里。但问题是世界上有那么多国家，如果经济危机迟迟得不到缓解，就会逼得本国人才技术大量外流。

古典经济学的方法不能用了，另外两种呢？

熊彼特的方案相当于老中医，不管治标，只调理身体，通过增强组织的新陈代谢和自我修复能力来度过危机。

熊彼特的方案就是以创新为驱动，不断开辟新的产业，相当于不断开辟“产业新大陆”。该方案根本不管供给和需求平衡的问题，通过创新红利做大蛋糕，拉动经济增长。在动态发展的过程中，将上述问题变得无关紧要。

根据熊彼特的观点，所谓创新就是“原有要素的新组合”，或者简称为“组合创新”。如果用复杂性科学的观点看，创新可以看作各种要素组成的复杂系统在相互作用下新秩序的涌现，除了要素的种类和数量，相互作用的频率和强度就很关键。

相互作用的频率和强度的实现，依赖于通信技术和数据处理技术，也就是ICT①技术。20世纪中叶，这两项技术还比较初级，远没有达到创新大规模涌现的地步。

因此，熊彼特的方案只是看上去很美，但是生效太慢，远水解不了近渴。

另一个重要原因是，在20世纪中期麦卡锡主义盛行，在那个看谁都像赤色分子的年代，熊彼特这种对社会主义暧昧不清的态度，怎么看也是个赤色分子。赤色分子提出的方案，怎么可能被采用?

在熊彼特看来，资本主义的创造性与毁灭性是同源的。与马克思一样，熊彼特认为资本主义终将灭亡，但不是因为资本主义的失败，而恰恰是因为其成功的根源——“创造性破坏”，会驱动经济规模无限制膨胀，最终将因为无法承受其快速膨胀带来的能量而崩溃。与马克思认为只有通过革命才能从资本主义变革为社会主义乃至共产主义不同，熊彼特认为资本主义充分发展导致自我毁灭后，就会自动过渡到社会主义。

熊彼特在1942年出版的《资本主义、社会主义和民主》一书中，指出

① ICT（Information Communication Technology）：即信息、通信、技术三个英文单词的词头组合，它是信息技术与通信技术相融合而形成的一个新的概念和新的技术领域。

了资本主义必然崩溃，社会主义必然到来。在1949年，熊彼特在哈佛做了题为《长驱直入社会主义》的公开演讲，作为该书第三版的序言。这一标题对于美国精英来说相当惊悚，相当于号召美国精英们涤荡思想中保守的渣滓，做好准备迎接社会主义的到来。

在资本主义的大本营美国，这要不是异端，那就没什么异端了。所以熊彼特的思想在一段时间被打入冷宫，丝毫不令人感到意外。

凯恩斯也看到了症结所在，不过他提出的治疗方法相当于比较拙劣的西医，吃止疼药打兴奋剂，通过强行刺激身体机能来对抗病症。这种方法见效最快，但是治标不治本。

但是，其他方法根本都用不了，只有这一条路看起来稍微可行。因此“二战”后二十年，欧美各资本主义国家清一色地皈依凯恩斯主义，国家支持的财政扩张大行其道。

说白了，就是普遍高工资、高福利，使得普通民众也有相当的购买力，拉动经济循环正常运行。这种体制也被称为福特制。

这就是“二战”后资本主义黄金时代的由来。

然而这一方法终究是治标不治本，到20世纪60年代末走到了尽头。凯恩斯牌“兴奋剂”药力失效，经济危机梦魇卷土重来。

更要命的是，“二战”后的青年生下来就处于福利制度下，在父辈看来优越的物质条件，在青年一代看来都是理所当然的。当经济发生问题时，他们首先想到的是走上街头抗议。

在经济动荡的背景下，20世纪60年代的美国，种族、性别、世代、战争，所有难缠的问题集中爆发，演化为越来越激烈的街头暴力冲突。

1968年是个动荡之年。3月，已经获得党内初选的林登·约翰逊宣布放弃总统候选人身份；4月，民权运动领袖马丁·路德·金在公开演讲时遭到暗杀；6月，刚提名为民主党总统侯选人的罗伯特·肯尼迪在洛杉矶的竞选活动中遭到暗杀；8月，民主党全国代表大会所在地芝加哥发生了当年最暴力、血腥的抗议活动。

与此同时，这股革命热潮蔓延到整个资本主义世界。从巴黎到东京，青年学生们走上街头，抗议各种各样的不满，并不同程度地演化为暴力事件。

对于资本主义世界来说，连唯一的救命稻草都失效了，接下来该怎么办？

四、美国霸权下的全球分工体系

前面讨论经济和金融问题，都是局限于一个国家的经济系统内，还没有涉及不同经济系统之间的相互作用，也就是国际间商品、服务以及资本流动，或者我们常说的国际贸易和国际金融。如果把国际贸易和国际金融考虑进来，通过一定的安排，前面所说的“有效购买力相对不足”这个矛盾，在某些国家是可以被克服的。代价是让矛盾由另一些地区或国家承受。

有效购买力相对不足，反过来就是供给相对过剩。根据熊彼特的观点，资本主义引以为傲的两个优势——技术进步和竞争，恰恰是导致供给相对过剩的根源。

市场竞争归根到底是价格战，能够提供更低的价格，意味着更低的成本，也就意味着尽可能地引入新技术提升生产效率。低价又要获得跟以前一样甚至更高的利润，那么就要提升产量。如此循环下去，最终一定会超出市场的需要，导致供给过剩。

演化到最后，就是一家或少数几家用低价把其他竞争者都打败，然后限制产量，获取垄断利润，形成卡特尔、辛迪加、托拉斯、康采恩等形式的垄断组织。

这事要是发生在一个国家内部，社会公众就不干了。垄断是最容易引起仇恨的方式。而且在一国内部的垄断也无助于解决有效购买力不足的矛盾，反而会更加恶化。大萧条后，美国爆发了此起彼伏的反托拉斯运动就是明证。因此，国家也会制定反垄断法加以限制。

但是，如果垄断产品输出国外，由其他国家的人民来承受垄断利润的盘剥，本国的人分享垄断利润的好处，而无明显的受害者，那么该国的人一定会对这事视而不见，甚至双手赞成。

这就是传说中的“帝国主义”。

帝国主义的本质不是战争，也不是摆在明处的奴役和侵略，而是汲取他国财富的机制。如果能通过合法的隐形手段汲取财富，何必采用遭人恨的手段呢?

如果世界上有好几个这样的帝国主义国家，那么他们之间也是竞争者，为了争夺原料和销售市场一定会相互掐架，两次世界大战就是这么打起来的。战争的结果是，产生了美国这样的超级帝国主义国家，在全球范围建立一个以美国为首的金字塔食物链。美国占据食物链顶端，欧洲及日本等一些中等发达国家在某些行业占据优势，处于比较有利的生态位[1]，形成美国“吃肉”，其他发达国家“喝汤”，广大第三世界国家“吃土”的国际分工体系，或者称之为国际生态系统。

形成这样的生态系统，也经历了漫长的演化过程。“二战”之后，传

① 生态位是指每个个体或种群在种群或群落中的时空位置及功能关系。这里是把生态位的意义延伸到了行业与企业上。

统欧洲强国和日本都被打得稀烂，美国一家独大，美国逼迫各国和地区建立了两大体系，即以世界银行、世界货币基金组织为代表的国际货币体系，以关贸总协定（WTO的前身）为代表的国际贸易体系。表面上说是建立公平自由的贸易和金融秩序，实际的目的就是建立上述金字塔型的国际分工体系。

美国依仗的优势是什么呢？不是煤炭、钢铁甚至石油等自然资源，而是科学、技术、先进的生产工艺以及通过专利制度形成的无形的知识产权。

现代工业最重要的不是原材料，而是相关知识体系。比如说，ICT行业最重要的产品是集成电路，而集成电路的主要原材料是硅，其原材料沙子，几乎是取之不尽用之不竭的，但是生产这东西需要极多的技术积累。拥有这些技术，就可以在几乎免费的硅上形成巨大的附加值，交换落后国家劳动人民用血汗获得的工农业产品。

很多人不能理解，为什么19世纪崛起了一些发达国家后，后发国家再想崛起那么困难？其中最重要的因素，其实是美国建立的这套生态系统造成的生态位压制，后发国家很难再获得崛起的空间。就好比恐龙繁盛的时候，哺乳动物的祖先只能在犄角旮旯里猫着，长期得不到发展，只有等恐龙灭绝之后才能获得发展机会。

然而这一体系存在一个巨大的内生悖论，后来被称作特里芬难题（Triffin Dilemma）。从国际上看，美元作为世界各国的结算与储备货币，随着贸易规模的增长，必然要求各国持有越来越多的美元，那么美国必须通过贸易逆差输出美元，而这又会导致美元贬值，美元被各国抛售，无法作为储备货币。

从美国自身来看，作为头号工业强国，生产力雄踞各国之首，它必然是个贸易顺差国，那必然会导致美元回流美国，美元币值倒是稳定了，但作为国际结算与储备货币的功能就无法履行。

这一内生悖论导致布雷顿森林体系难以为继，1971年新上任的尼克松总统宣布美元与黄金脱钩，被看作布雷顿森林体系瓦解的标志。

但实际上，该体系并未瓦解，而是进行了暗中调整，变得更为强大。

特里芬难题之所以存在，有如下隐含假设：

1. 货币发行需要黄金作为信心锚点，一个国家的黄金储备与该国的对外贸易相关。

2. 美国的工业产品来自美国境内，必然会导致贸易顺差。

美元与黄金脱钩，其实就是打破第一条假设。基辛格给美元重新找了一个信心锚点——石油，而且美国并不需要拥有这些石油，只要石油贸易结算必须使用美元就行了，就会造成持续不断的美元需求。

美国必须通过逆差输出美元，那么就必须打破第二条假设，因此美国把产业搬出本土，进行全球化产业布局，导致了持续至今的全球经济一体化进程。

如今我们看到的世界五百强大多是跨国公司，因此把跨国公司看作稀松平常的事物，但实际上并不是这样。

虽然早在大航海时代，就出现了东印度公司这样的跨国公司，但那时的跨国公司都是进行跨国贸易，生产基地还是要集中在本国。像如今这样的产业链全球布局，采购、设计、组装、销售各个环节拆分出来进行跨地区跨国布局，只是在20世纪60年代后才渐成潮流。

这依赖于如下两个前提条件：

1. 以航空、海运集装箱为代表的交通技术的成熟，使得人员可以快速流动，大宗商品可以高效跨国运输。

2. 有线和无线通信技术的成熟，使得人们可以远程交互信息。

其中第二条尤为重要。从20世纪70年代开始，个人电脑以及互联网技术逐渐发展起来，各种通信以及信息处理技术相互融合，到如今的大数据、5G、云计算和边缘计算，通信技术和信息处理技术已经融为一体，被称为ICT。

根据前面的叙述可以发现，美国几十年苦心经营的国际生态系统，如今几乎一切的优势，都是建立在ICT基础之上。

美国的全球霸权有三个主要支柱：金融、军事以及舆论操控能力。

金融能力其实主要还是信息采集、传输和处理的能力，自然高度依赖ICT系统。美国的军事实力强，尤其体现在全球调度快速反应和精确打击能力上，离开ICT系统，就是睁眼瞎。美国引导操纵舆论，输出价值观的能力强，还是离不开ICT系统。

美国的如意算盘打得非常之好：本国拥有知识产权的优势，占据ICT产业高端，在此基础上引领全球产业布局。美国作为净消费国，因此不再有供给过剩的烦恼；把生产外包给他国，供给过剩带来的尖锐矛盾也留给他国。他国想要追赶，则用知识产权大棒来打压限制。

在这样的指导思想下，美国放弃了以凯恩斯主义为基础的福特制，重新回归资本最喜欢的自由主义路线（为了与之前的古典自由主义相区别，被称为新古典自由主义），内核则采用熊彼特的路线，以创新驱动经济发展。

1995年1月1日，《与贸易有关的知识产权协定》（Agreement on Trade-Related Aspects of Intellectual Property Rights，缩写为TRIPs）正式生效，作为参加方最多、内容最全面、保护水平最高、保护程度最严密的一项国际协定，给以美国为首的发达国家的知识产权优势进一步上了保险。再加上美国经常使用的针对知识产权的“特别301条款”，其他国家想挑战美国的知识产权优势，简直就是痴心妄想。

挑战不了美国的知识产权优势，就无法打破美国主导的这套国际分工体系，第三世界国家就要眼睁睁地看着美国“吃肉”，美国的盟友“喝汤”，自己“吃土”。

美国的优势就建立在这样一套体系之上，被许多人看作牢不可破，千秋万载一统江湖。因此有个叫福山的写了本书，宣称“历史的终结”。

五、5G成为美国的阿喀琉斯之踵

华为公司不仅打破了美国知识产权优势的神话，而且在美国霸权之所系的ICT行业获得了引人瞩目的成就。

ICT行业的大发展，源于1957年在美国硅谷创立的仙童半导体，美国正是得益于ICT行业带来的巨大红利，赢得了冷战，巩固了世界霸权。时至今日，美国的互联网大公司虽然强大，底层的集成电路产业依然保有优势，但是处在中间，提供ICT基础设施的那些公司却很不乐观。

人类即将进入5G时代，又将迎来新一轮通信大发展。每个人和组织甚至每个物件都将通过5G网络连接在一起，许多科幻般的场景将会成为现实，许多相关产业将迎来爆发，人类的生活方式、工作方式乃至创造方式都会发生天翻地覆的变化，由此带来产业实力的进一步此消彼长，全球经济格局将发生显著变化。

此时，美国却猛然发现，在这迈向新时代的关口，不仅自己的ICT优势不复存在，世界上综合实力最强的ICT公司居然变成一家中国公司，如果任由其发展，它的logo有可能出现在美国的每一个角落。

当引以为傲的利器变成了致命的阿喀琉斯之踵，这是一种怎样的体验?

本文交代了华为公司崛起的宏观背景以及意义，本书将逐渐揭开这家公司是如何建立并发展到今天的艰辛历程，并对未来的走势进行一定程度的展望。

创始人任正非到底拥有怎样的独门秘籍?为什么说他是将毛泽东思想和哈佛商业理论相结合的第一人?

他如何带领华为突破围追堵截，克服重重困难，从一家毫不起眼的贸易公司，变成令美国心生恐惧的超级技术公司?

华为独特的持股制度，又是怎样的一种存在?

华为的未来将会如何?

第一章 华为诞生前的百年通信风云

一、通信技术为什么那么重要

在正式了解华为之前，先用一章的篇幅来了解华为诞生前的通信技术发展史，这样能让大家更加理解当年任正非创立华为时面临的险恶处境。

19世纪末，技术实力落后的中国处于被列强瓜分的悲惨状况。20世纪八九十年代，中国通信行业面临的处境就是被欧美等技术强国瓜分。各大跨国公司在中国的土地上纵横驰骋，攫取高额利润，中国人本就微薄的血汗钱源源不断地流向国外，支撑欧美员工的高品质生活。

为了说清楚这个话题，还是让我们从头说起。

人类诞生本身，就与一场重大的通信技术变革密不可分。这就是人类语言的出现。

正是语言这种有效的信息交互手段，使得智人个体之间的信息传输量获得百倍增长，智人结成密切联系的群体，从而战胜了其他的竞争对手，爬到食物链顶端。我们智人有力量，主要是因为我们能进行复杂的沟通。

其实再往前追溯，40亿年前第一个生命诞生起，就出现了信息采集处理以及传输机制。每一个动物个体，乃至它身上的每一个细胞，每一个神经元，每一个蛋白质分子，都可以看作信息处理及传输单元。生命系统首先是信息处理和通信系统，是信息处理和通信过程创造了生命，并推动生命演化。不过这个话题距离我们的主题有点儿远，这里不做深入的分析。

我们今天所说的ICT技术，包括信息处理和信息传输两个部分，虽然今天它们已经融为一体，但是在历史上，信息处理属于计算机发展历程，信息传输才属于通信发展历程。为了简便起见，这里只是简单介绍通信技术的发展历程。

现代通信技术涉及一大堆术语：信道、频谱、编码解码、协议、寻址等，外行人一般听不懂，总觉得这里面十分高深。但实际上从古到今，通信的基本原理没什么本质变化。

比如说，唐代“久居异乡”的王维，想给他的“山东兄弟”写封信，抒发一下思念之情，那么王维就是发送端，山东兄弟就是接收端。王维把头脑中的话写成书信上的文字，这就叫作编码；山东兄弟看到书信，从文字中读懂意思，这就叫作解码。书信是通过唐代的邮驿系统传递的，那么送信的驿卒就相当于频谱资源，他骑马走过的驿道就相当于信道。在驿站换人换马，这就叫作中继。王维和山东兄弟之所以能通信，是因为他们都懂汉语，汉语就相当于通信协议。

在电报这种远距离通信技术诞生之前，人类的远距离通信技术和交通技术其实是一回事，物流网和通信网是一个东西。美国在19世纪就有相当活跃的股票市场，但是由于缺乏远距离通信手段，费城、纽约、波士顿的股票交易是相互独立的。波士顿要在几天后才知道纽约的交易状况，因为需要专人骑马把记载交易记录的文件送过来。

人类文明发展史，就是通信技术推动的历史。语言的出现，文字的发明，车轮的发明，马的使用，纸张的出现，大规模道路和运河网络的修筑，印刷技术、帆船、铁路的发展，每一次通信变革都极大地拉近空间，增加了人与人之间的交流与互动。伴随着经济要素的聚集与互动，能创造出更多的经济要素，从而推动经济不断发展。

随着共同市场和经济圈的扩大，政治版图也随之扩大，从部落、城邦到王国乃至帝国。

在古代，一个政权所能有效统治的区域，差不多是从首都出发，一个月往返所能覆盖的区域。首都发出一个命令，要半个月才能收到，这已经基本是极限了。如果地方上发生叛乱，首都接到消息，再调兵过去，得好几个月。可是现如今，全球任何一个角落都可以进行即时通信，任意两地之间交通可用天来计算。交通和通信技术的高速发展，使得地球缩小成为地球村。理论上如果地球统一的话，治理全球的难度远远小于当年秦始皇治理中国，甚至小于中世纪的英格兰国王治理整个英格兰。

通信技术不仅对于现代社会极为重要，它从一开始就居于极为重要的位置。

中国古代之所以长期领先于世界，是因为早在商代，就开始修建联通全国的道路网络，早在春秋战国时期，连接主要经济带的运河网络已经基本成型。秦始皇大兴土木，修建四通八达的秦驰道，汉代则在此基础上进一步扩充完善，此后历朝历代都修建道路，疏通河道，建立了遍布全国的物流、贸易和通信网络。

欧洲直到近代随着铁路和通信技术的发展，各地联系大大加强，才导致封建割据被消灭，形成统一的民族国家。

从地理大发现到今天，人类历史进程大大加快，经济水平日新月异，科学技术获得突飞猛进的发展，根本原因还在于交通和通信技术的进步，使得人们相互之间信息交互频率和强度大大增强。可以毫不夸张地说，通信是推动人类进步的最大功臣。

二、现代通信技术的发展历程是怎样的

现代通信技术，一般指电信，因为它是建立在电磁学的基础上的，前期依赖一大堆基础科学和技术的积累。

19世纪，北美新大陆成为创新的热土，美国也顺理成章地成为现代通信技术的发源地。

1835年，美国雕塑家、画家、业余科学发烧友莫尔斯发明了有线电报，大名鼎鼎的莫尔斯电码由此诞生。

1876年，一位专门辅导听力障碍学生的老师，美国人亚历山大·贝尔发明了最早的电话，他在拥有的电话专利基础上创建了贝尔电话公司。贝尔电话公司也就是后来的电信业巨无霸AT&T的前身，其研发机构就是大名鼎鼎的贝尔实验室。

通信行业是一个依靠大量技术，并且具有巨大商业利益的行业，因此从一开始，就与技术剽窃和专利争端纠葛在一起。贝尔发明电话背后，就有一桩著名的专利公案。

虽然贝尔确实拥有最早的电话专利，但是早在1860年，从意大利移民

到美国的安东尼奥·梅乌奇（Antonio Meucci）展示的一种名为“可谈话的电报机（teletrofono）”的机械已经具备了电话的功能，他还在纽约的意大利语报纸上公开发表了关于这项发明的介绍。但是，英语水平不高的梅乌奇融不进美国主流社会，得不到应有的认可，他甚至穷困到无法支付250美元的申请费，为他的可谈话的电报机申请专利权。

梅乌奇曾向当时美国最大的电报公司——西部联合电报公司寄去了模型和技术细节，希望能凭借自己的技术成果在该公司谋得一个职位，但是没能和该公司的主管人员见上一面。当他于1874年向西部联合电报公司要求拿回这些材料时，却被告知这些东西已经不见了。

这家公司的一名高管是贝尔的好朋友，他看到梅乌奇的技术方案后立刻意识到这将是一件划时代的发明，具有无限的前景。因此他根本就没向公司上报，而是悄悄联络贝尔，希望合伙开设一家公司牟利。

两年之后，也就是1876年2月14日，贝尔向美国专利局提出申请电话专利权。就在贝尔提出申请两小时之后，一个名叫E.格雷的人也走进专利局，也申请电话专利权。1877年，刚刚崭露头角的托马斯·爱迪生获得了碳粒送话器的发明专利。这三件专利引发了一场旷日持久的专利纠纷。

三者间专利之争错综复杂，直到1892年才算告一段落。造成这种局面的一个原因是，那个声称弄丢了梅乌奇设计图纸的西部联合电报公司，买下了格雷和爱迪生的专利权，与贝尔的电话公司对抗。这场旷日持久的专利官司的结果是双方达成一项协议，西部联合电报公司完全承认贝尔的专利权，并不再染指电话业，交换条件是在专利有效期内，分享贝尔电话公司收入的20%。

贝尔依靠偷来的专利赚得盆满钵满，但是真正的电话发明人梅乌奇依然贫困潦倒，他愤而提起上诉。几经辗转，当时最高法院最终同意以欺诈罪指控贝尔。但就在胜利的曙光就要显现时，年事已高并且病魔缠身的梅乌奇于1889年10月18日带着遗憾离开了人世。

一百多年后，美国国会于2002年6月15日269号决议确认，安东尼奥·梅乌奇为电话的发明人，贝尔确实是剽窃了他人的研究成果。这一决议将贝尔这个被写在教科书中的电话发明人永远钉在了历史的耻辱柱上。

瑞典的爱立信公司是举世闻名的电信巨头，在2017年被华为超越之前，在长达二十多年的时间里都稳坐电信设备全球第一的宝座。爱立信公司于1876年成立，比贝尔电话公司成立时间还早一年，其名字就是创始人的姓氏，最初是一家十分简陋的机械修理作坊。

贝尔电话机在瑞典开始销售后，爱立信先生也第一时间去买了一对，并进行了拆解研究。1878年底，爱立信公司开始销售仿制贝尔的电话机。在仿制的同时，爱立信公司着手自主开发，于1880年底推出自主品牌的墙式电话机。

依靠改进的墙式电话机和远低于对手的价格，爱立信公司在1881年初赢得了本国的第一个合同。紧接着，爱立信公司在瑞典、挪威和芬兰多次击败贝尔电话公司，赢得了一系列的合同。北欧这些国家可没有什么尊重外国公司知识产权的觉悟，偏向本地公司是天经地义的选择，因此贝尔电话公司在北欧遭遇了一系列挫折，最终退出北欧市场。依托北欧市场，爱立信公司逐渐成长为可与贝尔电话公司分庭抗礼的电信巨头。

早期的电话需要人工来把通话双方的线路接在一起，烦琐又容易出错。更要命的是，这里面还存在“暗箱操作”。

美国堪萨斯城的一个殡仪馆老板阿尔蒙·斯特罗格（Almon Strowger），就吃了暗箱操作的大亏。

斯特罗格发现，自己的殡仪馆生意总是冷冷清清，同城另一家的生意就要好得多，这是怎么回事呢？经过调查发现，打到自己店里的生意电话，总会被话务员转接到另一家殡仪馆。原来，当地话务员是那家殡仪馆老板的堂弟。知道真相的斯特罗格很生气，发誓一定要发明一个不需要人工操作的交换机。

1891年，他终于发明了一种自动电话交换机，被称为步进制交换机。除此之外，大家经常在电视上看到的旋转式拨号盘，也是斯特罗格发明的，他本人也成功地从殡仪馆老板转型为通信设备制造商。

到此时为止，还都是有线通信，通信距离和地点受布线条件的限制，存在很大的局限。1901年，意大利人马可尼使用他自己发明的火花隙无线电发报机，成功发射了穿越大西洋的无线电信号，他因此获得了1909年诺贝尔奖。

20世纪30年代，信息论、控制论、调制论、预测论、统计论获得了一系列突破，推动了通信技术迅猛发展。此后的技术突破越来越多。

1935年发明频率复用技术，使得传输的信息量暴涨，模拟黑白广播电视被发明出来。

1946年，好莱坞女演员海蒂·拉玛和作曲家乔治·安太尔受到音符组织方式的启发，推测可用多个频率发送一个无线电传输信号，并申请了一项专利。这种被称为跳频的技术，就是后来大名鼎鼎的码分复用技术（CDMA）的前身。然而这项影响巨大的技术在当时并没有引起注意，直到后来高通公司的创始人雅各布斯慧眼识珠，从故纸堆中发现了它。在无线通信技术迈入3G时代后，美国高通公司凭借CDMA相关专利获得了巨大的利益，并由此引发了通信行业史上一连串云谲波诡的利益博弈，深刻影响了中国通信行业以及华为公司的发展历程。此乃后话，将在本书相应章节展开。

1958年，仙童半导体以及德州仪器相继发明集成电路（IC），集成电路此后逐渐成为整个计算机和通信行业的基础。

1966年，英籍华人高锟发表论文，提出可以用石英制作光纤，实现超大容量通信。此前的通信都是导线中传输电信号，高锟提出的光通信被许多人当成天方夜谭，只有贝尔实验室的核心高管等少数人相信高锟的观点。

1970年，美国康宁公司花费三千万美元终于研制出第一根光纤，1976年，贝尔实验室建立第一条试验线路。光纤最初传输带宽只有45Mb/s，只能传输数百路电话，而用中同轴电缆可传输1800路电话。此后随着激光器以及光纤的不断改进，光通信击败所有其他传输技术，成为传输带宽最高的技术。

光纤的发明引发了通信技术的一场革命，直到今天以及可预见的未来，光纤仍然是主流干线通信技术。一根光纤的潜在带宽可达20THz。采用这样的带宽，只需一秒钟左右，即可将人类古今中外全部文字资料传送完毕。

三、AT&T与摩托罗拉，电信业早期的霸主

我们有必要了解一些电信业巨头的早期成长史，这些巨头也是华为成长路上必须面对的竞争对手。

AT&T作为电话专利的拥有者，在最初十几年发展得一帆风顺。1895年，电话专利到期失效后，几乎一夜之间，美国冒出了数以千计的电话公司。

AT&T此时已经成为摩根系的一员。背靠摩根财团的强大财力，通过领先的技术和商业并购，它很快扫平了所有竞争对手，在20世纪初独霸了美国的电信业，并且在海外拥有许多分支机构（这些分支有些独立出去，比如后文将会提到的比利时贝尔公司）。

由于通信行业牵涉全局，价值链很长，往往不可能由一家通吃。比如在中国，就要分为运营商（如中国移动）、设备提供商（如华为）、系统集成商（如亚信科技）、代理商（如神州数码）、增值服务提供商（也就是俗称的SP，腾讯就是靠此起家的，歌华有线也属于SP）、研究院所（比如大唐电信前身就是邮电部电信研究所）、规划设计院（通常由运营商投

资运营，比如中国移动研究院）。

AT&T的厉害之处在于，在美国本土，它一家把上述全产业链条全吞下肚，连骨头渣也没给别人留下！

由于AT&T过于强势，因此被美国司法部盯上，打算对它进行反垄断诉讼。AT&T不得不将美国以外的业务分拆出去，专注于美国市场。分拆出来的部分成为另一家电信巨头，也就是加拿大的北方电信公司（Northern Telecom Limited）。

“二战”之后，AT&T发展得很快，成为美国最赚钱的公司之一。它的贝尔实验室更是科技名人云集，硕果累累。著名成果除了电话本身之外，还包括射电天文望远镜、晶体管、激光器、太阳能电池、发光二极管、程控交换机、Unix操作系统和C语言，甚至还包括电子的波动性、信息论。任正非1997年去贝尔实验室参观时，对其先进的研发能力羡慕不已，颇有刘姥姥进大观园之感，按照他自己的话说就是“仰慕之情超越了爱情”。

由于AT&T太强大，又被司法部盯上，1956年它与司法部达成协议，活动范围再次受限，被逼得将更多的资源投入研发上，通过科技创新而不是市场垄断来获得高额利润。

即使如此，北美的通信市场依然被AT&T一手掌控。在相当长的时间里，美国的国际长途电话费用不是依靠市场竞争决定，而是由AT&T与美国联邦通信委员会（FCC）的谈判决定，定价为每分钟3美元。

AT&T给出的理由听起来十分合理。铺设光纤和电缆要多少钱，购买设备要多少钱，研发要多少钱，雇接线员要多少钱，因此必须定这么高价才能保证不亏损。但实际上，到2002年长途电话跌到每分钟30美分时，AT&T仍然有超过30%的毛利。

可是没办法，AT&T的先进技术造成的垄断地位太强了，美国人（也包括许多中国人）只能承受这样的高价。

1984年，美国司法部再一次仗剑屠龙，把AT&T拆分成八家公司，其中一家继承母公司名称，专营长途业务，七家公司经营本地电话业务（俗称“贝尔七兄弟”）。

AT&T是美国有线通信的霸主，美国的无线通信市场则由另一个巨无霸统治，那就是摩托罗拉。

摩托罗拉成立于1928年，比起美国的AT&T（1877）、瑞典的爱立信（1876）、德国的西门子（1847）、法国的阿尔卡特（1898）、日本的富士通（1875）等成立时间距今超过一百年的电信巨头来说，算是第二代电信巨头。

该公司最早以创始人加尔文的名字命名，叫作加尔文制造公司。摩托罗拉是该公司早期的一款主打产品汽车收音机的品牌。但是由于这款收音机卖得太火，闻名遐迩，导致公司本名反而没人叫了，后来干脆改名摩托罗拉（Motorola，其中Motor表示汽车，ola是当时美国很多品牌的后缀，比如可口可乐的英文名Cocacola）。

“二战”中，美国陆军急需一款战场上可用的无线通信设备，军方自己研制了一款，但是非常笨重，并不适用。摩托罗拉利用本公司在无线通信方面的技术积累，很快研发出更加轻便的几款无线通信设备。其中SCR–536约4公斤重，甚至可以手持，是最早的无线对讲机。美国军方大量采购，并在战场上立下了汗马功劳，摩托罗拉也随着美军这个活广告名扬天下。

从“二战”后直到20世纪90年代，摩托罗拉几乎垄断了全球无线通信市场。

以AT&T的技术实力，进军无线通信并不是难事。但是正因为它在有线通信事业上太成功了，形成了根深蒂固的价值网束缚，反而阻止它扩展到无线通信。因为无线通信业务的蓬勃发展，会损害它主营业务的利益。因此，摩托罗拉和AT&T这两家美国公司形成心有灵犀的“错位竞争”，人们一说起无线通信，就首先想到摩托罗拉，一说起有线通信，则是AT&T。

AT&T极大低估了无线通信业务的增长潜力，它曾经做过预测，到2000年移动用户不会超过100万户（真实数值比100万户大了一百倍都不止）。摩托罗拉在有线通信业没有积累，想进也进不去，只能全力投入无线通信业中。

价值网束缚这种事情，在通信产业发展历程中一再出现。比如，中国移动最先推出了基于互联网的即时通信软件飞信，然而飞信发展起来了，就会损害它的短信业务，因此扼杀飞信的不是别人，正是中国移动自己。腾讯是家互联网公司，跟传统电信业务一点儿关系也没有，它全力投入互联网即时通信，获得了巨大成功。

摩托罗拉是一家技术至上的公司，其技术积累远远领先于竞争对手，摩托罗拉强大的研发能力溢出到其他行业，除了无线通信之外，摩托罗拉在数字信号处理、计算机处理器方面也是全球最强的公司之一，甚至在彩色电视机方面也有建树。1963年，摩托罗拉生产出全球第一款长方形的彩色显像管，并迅速成为行业标准。此前的彩色电视机屏幕是圆形的。1967年，摩托罗拉生产出第一款全晶体管彩色电视机。

但是摩托罗拉在彩电业的市场开拓并不成功，1974年它将彩电业务卖给松下，算是遭到了一个挫折。然而这点儿挫折对它来说不算什么，因为它的技术实在领先时代太多。

四、1G到2G，美欧之间的通信标准暗战

摩托罗拉最辉煌的成功在于第一代（1G）无线通信。

在20世纪70年代之前，无线通信和计算机一样，都是仅限于军方或大型机构使用，还没有面向个人用户的产品。1G是一个划时代的突破，从此无线通信大规模走向民用，深刻改变了这个世界。

1G基于模拟信号，仅限于语音通话，天线技术和模拟信号处理技术的水平决定了产品的好坏。摩托罗拉在这方面的技术积累实在是太强，尽管它的终端卖得最贵（在中国市场上要两万块），仍然占有了70%的民用终端市场。

摩托罗拉使用的无线通信标准，是AT&T的贝尔实验室于1978年制定的高级移动电话系统（AMPS）。其他发达国家也相继推出了自己的技术标准，如英国的全接入通信系统（TACS）、日本的联合战术地面站（JTAGS）等，然而均不如AMPS成功和普及。

在“二战”后几十年里，欧洲这些国家随着实力的不断增强，已经越来越不满于美国仗着技术优势“吃肉”，自己只能跟着“喝汤”的状态，

希望能够独立于美国的意志行事，但是各自为战势单力薄，于是开始逐渐联合起来行动。美国建立的金字塔生态系统出现松动的迹象。

这场暗战最明显的后果，就是20世纪末欧盟和欧元的诞生。作为先导，通信领域的暗战则早在此之前就展开了。通信行业作为国民经济的战略性、基础性、支柱性行业，如果都没有获得相对的独立性，欧洲也没有底气甩开美国用欧元跟美元叫板。

在1G时代，欧洲实际上已经一败涂地，于是几个欧洲国家暗中联合起来，加紧2G技术的开发，终于在1982年率先推出了GSM标准。GSM最初是集群专用移动通信（Group Special Mobile）的缩写，由于后来普及开来，改为全球移动通信系统（Global System for Mobile Communications）。

GSM的信令和语音信道都是数字式，其核心是时分复用（TDMA）。

时分复用、码分复用和空分复用（SDMA）究竟有什么区别呢?

无线通信使用的信息载体都是一定频率的电磁波，电磁波信号总是会相互干扰。利用时间维度和空间维度，再加上电磁波频率以及编码方式，就可以对电磁波信号进行拆分，达到传输更多信号且消除干扰的目的。

我们可以用十字路口做个类比。十字路口可以看作两个信道的汇聚点，为了避免相互干扰，可以采用红绿灯的方法，一个时间段只有一条路上的车可以走，这就叫作TDMA。或者也可以采用立交桥的方法占用各自的空间，这就叫作SDMA。

现实生活中没有CDMA对应物，这是将电磁波信号用不同的编码序列来区分。此外还有一种叫作正交频分复用（OFDM）的技术，将信号调制在相互正交的子载波上，也可以消除干扰。

欧洲忙着制定新的通信标准的时候，美国也没有闲着，只是美国由于过去的成功导致过于大意，也由于AT&T和摩托罗拉光顾着自己“吃肉”，让别的美国通信公司也很不爽，下定决心另起炉灶。美国的人口只有欧洲的三分之一，却制定出三个不同的通信标准，分别叫作iDEN、IS-136（也叫作D-AMPS）、IS-95（也叫作TIA-EIA-95），其中前两个基于TDMA，最后一个基于CDMA。

通信系统就跟语言似的，具有明显的规模优势，使用的人越多就越强大。美国力量分散而且推进速度又落后于欧洲，其后果可想而知。1991年GSM已经走向商用，美国那边三个标准还在打架。

2G时代，欧洲大获全胜，GSM走向全球成为主流。一批欧洲电信公司就此成长起来，比如说爱立信、阿尔卡特、诺基亚、西门子，以前一直被AT&T和摩托罗拉压制，如今终于扬眉吐气。趁着欧洲集体反水，日本的通信厂商富士通、索尼也从夹缝中壮大起来，成为不可忽视的一支力量。

正是从20世纪90年代开始，通信行业从美国一家独大，变成欧美日的战国纷争。

美国在2G时代吃了暗亏，但是并没有像5G时代落后这么着急。当时的移动通信只是语音短信以及极少的数据服务，对社会各方面的渗透远不及现在。而且美国公司实力依然强大，它们酝酿着极为厉害的后手。

AT&T和摩托罗拉认为只是因为自己一时疏忽，让欧洲的那些二流公司钻了空子而已。后来成为3G时代霸主的高通，正在抓紧研发面向下一代的CDMA技术，而更加厉害的后手则是互联网领域，将彻底打得欧洲满地找牙。互联网此时还是个新兴事物，从军方实验室形成雏形后，主要存在大学和科研机构。后来的互联网设备霸主思科，刚刚于1984年成立，此时还是一个很不起眼的路由器生产商。

五、通信行业的“市场换技术”

如果欧美通信公司仅限于欧美发达国家市场份额的争夺，就会演变成一场存量市场的零和博弈，市场竞争将会十分惨烈。然而就在这关口，他们发现，一个高达十亿人口的超级新兴市场向他们敞开了大门，这就是改革开放中的中国。

欧美国家的有线电话普及率此时已经超过90%，无线通信业务最初价格很高，通话质量也比不过有线电话，因此在这些发达国家推进无线通信业务也不是很顺利。中国的有线电话普及率不足1%，无线通信更是基本为零。这完全是一片未开发的“新大陆”，吸引了所有电信巨头的目光。

中国政府为了抓紧时间进行经济建设，尽快赶上世界先进水平，制定了“市场换技术”的方针，欢迎外国电信企业前来中国投资。从骨干网到边远地区的农村电话系统，清一色全是外国设备。由于中国不能生产同类设备，这些设备卖得极贵，利润率达到百分之几百甚至几千！

比如程控交换机，等到中国厂家能生产成熟产品了，价格迅速降到10美元一线，但在20世纪80年代，其价格高达500美元一线，整整贵了50倍！

这些厂商不仅价格贵，而且态度傲慢，基本没有什么服务。

提到“市场换技术”，人们常会想到中国乘用车市场的失败经验。几十年市场换技术并没有换来多少技术，换来的反而是“世界车跑遍中国”，中国成为许多跨国车企的重要市场。

通信领域的市场换技术执行得更为激进，当初造成的负面后果，比汽车行业严重得多。在中国通信老一辈人那里有句话，叫作“七国八制乱中华”，分别是日本的富士通和NEC、瑞典的爱立信、芬兰的诺基亚、比利时的贝尔、法国的阿尔卡特、美国的AT&T、加拿大的北电。这些外国厂商建立价格同盟，一致对中国人开高价，吃定中国无法生产出同类产品。

直到20世纪90年代，世界上主要的电信设备商仍然是第二次工业革命诞生的那些老家伙。

当时的人们也很难想到，未来二三十年会发生如此巨大的变化。也没有人会想到，AT&T、摩托罗拉这些统治通信产业几十年的巨无霸，将来有一天会轰然倒下。

今天我们感受到产业迭代更新速度越来越快，其实都是ICT技术发展带来的结果。如果时间回到20世纪80年代，刚刚改革开放的中国人被欧美一大堆有百年历史的巨头，携着领先中国几十年的先进技术进行碾压，那种压迫感是我们今天很难想象的。

其中许多人被永远压折了脊梁，跪在地上膜拜不已。当然也有人昂首挺胸，明知不敌也要亮剑！

正是在这样的背景下，1987年，华为技术公司在深圳成立，与许许多多中国企业一起，开始了可歌可泣的奋斗历程。

第二章 任正非被迫走上创业之路

一、华为诞生的时代背景

通信行业在国外经过数十年发展，早已诞生了一批通信巨头，而中国在这一产业的积累几乎为零。国内外巨大的技术落差，使得通信相关行业许多人形成了严重的崇洋媚外风潮。甚至有些地区如果采购了国产设备，相关负责人就会被调查。

这背后的隐含假设是：国产设备质量这么差，你居然还采购，不会是捞什么好处了吧？

当时民用无线通信还未成熟，通信业主要是有线通信，也就是如今已经越来越少见的家用有线电话。当时的有线电话正处于模拟技术向数字技术转换的关口。在发达国家，电话普及率已经超过90%。从模拟向数字切换，给用户带来的好处仅仅是话音更清晰，背景噪音更少，好处并不是很明显，但是却需要支付一笔额外的费用。当时的人们把电话看作耐用家电，并不像现在这样换手机这么频繁，因此技术更新换代阻力重重。

然而，中国的电话普及率连1%都不到。这个十亿人规模的巨大市场，引发了全球所有通信企业的垂涎，他们摩拳擦掌蜂拥而至，在这片未开垦的处女地开疆扩土，赚取高额利润。

由于最初没有任何国内企业能够与之竞争，因此国外通信企业尽管一个个开出吓死人的高价，设备仍然是供不应求。他们也懒得亲自建立分销渠道，发展客户，因为有大把揣着装满现金的皮包的人来提货。深圳这个昔日的小渔村，由于紧靠中国对外开放的窗口香港，一下子冒出了几百家通信设备代理商，他们所干的事情就是削尖脑袋从国外拿到货，然后转手就可以坐地数钱了。

二、任正非的无奈创业

今天的华为公司早已被看作自主研发的代表，民族工业的象征，但是它的最初面貌，按照当时的说法是“倒爷”。

不仅是倒爷，而且是“三无”皮包型倒爷，因为任正非早年无资源、无技术、无市场，连创业的启动资金2.1万元，都是找几个朋友凑的，无非是看什么挣钱倒腾什么。最初甚至倒卖过火灾报警器。

至于为什么如此“一切向钱看”，任正非也是有苦难言。他本来是铁道兵某研究所副所长，原打算捧着铁饭碗直到退休，谁知一纸“大裁军”通告，他成了百万复员军人中的一员。他转业成为南油集团的一名干部。

任正非受过良好的教育，凭借聪明的头脑、踏实肯干的精神，在那个年代也是一个难得的人才，很快受到领导赏识，做到了分公司总经理的位置。然而由于社会经验不足，刚上任没多久就被人骗了200万元货款。那时普通人工资也就几十块，200万元已经是天文数字了。因此，他只能引咎辞职。

那一年，他43岁。

对于今天的大部分职场人士来说，四十多岁正是职业生涯的巅峰期，很多人已经是有车有房，享受高薪假期。然而任正非当时却遭遇了人生的至暗时刻。他的前半生都在体制内度过，却因为被骗污点再也无法回到体制内。他压力很大，上有年迈的父母要赡养，下有一子一女，还有六个年幼的兄弟姐妹需要他帮衬。

与别人下海创业为了挣钱不同，任正非创业是被逼上梁山，首先是为了活下去。

按照这段经历推测，任正非的心里会极度缺乏安全感。后来发生的事情也证实了这样的推测。

任正非总是强调华为危机重重。2000年华为以销售额220亿元，利润29亿元位居全国电子百强首位，他却写下《华为的冬天》，大谈危机和失败。任正非还在许多不同场合说，华为距离破产永远只有三个月，甚至连华为官方授权的企业传记名字也叫《下一个倒下的会不会是华为》。

正是这种“生于忧患死于安乐”的精神，使得华为总是保持着进取，毫不懈怠的姿态，这也是华为始终强调“奋斗者精神”的起点。

在创业初期，任正非也经历过一阵短暂的迷茫期，随波逐流，见利润就去赚。“华为”这个名字虽然表露出“中华有为”的美好期望，但当时只不过是一家没什么竞争力的皮包公司。一个偶然的机会，任正非经由辽宁省农话处一位处长的介绍，开始代理香港鸿年公司的用户交换机产品（即单位里转分机的小交换机），第一次接触到了通信这个行业。

当时中国市场对电话通信的巨大需求，让任正非在短短的三四年间，就积累了几百万的资金，并在全国建立起近十个销售办事处。

由于倒卖小交换机这事基本没什么技术含量，利润又如此丰厚，因此许多下海经商的人纷纷投入这一行业，仅深圳一地一个月之间就涌现出几百家竞争对手。

代理销售是一种主要凭关系、价格、服务，而没有自身技术差异化可讲的行当，任正非曾任部队研究所副所长，到南油公司也做到了分公司总经理。创立华为公司后，这个四十多岁的中年男人不得不放下脸面，亲自跑市场，“卑躬屈膝”地上门推销。

想想看，这么一个久居高位的人要跑到各地的偏远邮电局去俯身低头给客户说好话，没有点儿大丈夫能屈能伸的本色，是很难坚持下来的。这段经历也给华为打下了深重的“销售为王”“尊重市场”的基因。

任正非在公司的讲话中多次提到“客户是我们的衣食父母”，“大家对客户再好一点，大家对客户的服务再好一点，客户给大家的订单就会多一点”。

也正是因为浓厚的销售基因，后来的华为再怎么强调技术，也必须以市场为导向，充分倾听客户的声音，以客户需求为核心，避免了技术公司常见的“为了创新而创新”“性能过度”等严重错误。这种错误，在另一家以创新闻名的公司——苹果公司的历史上比比皆是。

2001年，华为已经成为跨国大公司，任正非也成了中国IT界的“教父”。一次在公司见客户时，任正非一进门，屋里的省局移动公司局长、副局长一行人齐刷刷地站起来鼓掌，任正非很不习惯地摆摆手，憨厚地说：“你们是客户，我应该向你们起立，给你们鼓掌。”

任何一家公司都知道“客户是上帝”，但是真正能做到“一切以客户为核心”的，真是凤毛麟角。那时华为的产品宣传资料是一本红皮的册子，上面印刷的宣传口号非常有特点。

一段是封底上的宣传口号：“到农村去，到农村去，广阔天地大有作为。”另一段话是：“凡购买华为产品，可以无条件退货，退货的客人和购货的客人一样受欢迎。”

后一段话看似是完全的商业用语，但是在当时那个“卖方为王”的市场形势下，能够认识到这一点极为难能可贵。

如果在中国企业家中找出学习毛泽东思想的标兵，任正非当仁不让应当排在第一位。华为三十年的发展历程，就是毛泽东思想与商业实践结合的生动案例。

三、华为的第一个“增长飞轮”

做代理尽管赚钱容易，但是总不可避免地遇到各种进出口政策的限制，以及来自原厂的各种风险，使得“一切以客户为核心”很难执行下去。

由于产品供不应求，香港的原厂经常发不出货；代理没有技术能力，当产品出了问题，无法及时修理；在备板、备件等方面原厂也不给代理商提供支持，使华为公司在为客户服务时非常被动。

任正非意识到，没有自己的产品，没有自主研发，所谓为客户提供优质服务就是一句空话。当时的任正非已深受产品、客户、订单、公司的现金流、公司的命运都卡在别人手上的痛苦。

对于许多公司的决策者来说，如果供货受制于人，就要更加努力地与对方搞好关系。但是对于任正非来说，也许《毛泽东选集》读多了，深受那种自力更生的精神的感染，他决定自己来。

被别人卡脖子，对任正非来说是难以忍受的事情，必须把命运掌握在自己手里，哪怕再苦又何妨？自力更生，艰苦奋斗，这是华为一步步从小公司成长到今天最根本的驱动力。

为了更好地为客户服务，必须自主研发。但是自主研发谈何容易。当时的华为一没技术，二没人才，从哪里开始呢？

答案是从最简单的组装开始。

华为最初的“研发”，说白了就是DIY交换机。当时邮电部下面好几家国营单位都已在生产单位用小交换机，华为第一款打着华为品牌的产品叫BH01，这其实是从某国营单位买散件自行组装、做包装、写说明书，然后打华为品牌的产品。

BH01只是一个24口的用户交换机，属于低端机，这使市场很受限，只能在小型的医院、矿山使用。而且当时的华为也做不到买断，也有很多其他商家做同样的组装生意。只能说是华为的BH01和别家的BH01同时在市场上销售。

都是一样的机器，华为如何突出自己的特色呢？

既然产品上没有特色，那就在服务上做出特色，用服务来打造品牌。

比起直接代理成品，用散件组装除了可以降低成本之外，另一大好处是自己可以控制设备的备件，这在提升对客户的技术响应度和服务质量方面大有优势。

低价加优质服务，华为的品牌形象就这样树立起来了。

自有品牌就不用像做代理商那样，还需要花钱买代理权，还要提前半年以上打订金去订货。反过来，可以在全国发展自己的代理，收代理费，可以募集到更多的资金发更大的订单，从而压低进货价格。

华为只迈出了这小小的一步，马上就打造出了一个增长飞轮（如图2所示）。

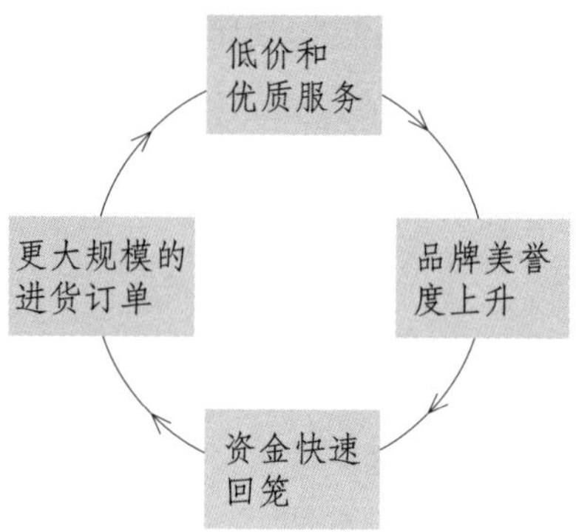

图2　增长飞轮

增长飞轮一转动起来，很快就形成了华为的优势，华为生产的BH01在市场上供不应求。由于出货量太大，华为买的散件也被断了货源。华为面临收了客户的钱，却没有货可发的窘境。

仅仅过了不到一年，华为又被“逼上梁山”，必须在最短的时间内突破自主研发，实现自主控制生产，控制产品，否则客户追上门来要货要退款，公司就会面临断流及关门的危险。

1990年，华为公司开始进行第一次逆向开发。也就是照着BH01的电路和软件，自行设计电路并开发配套软件。逆向开发也是中国大部分工业门类的起步之道。

为了给客户以延续性的印象，这款逆向开发的交换机型号叫BH03，也是从24口开始做。从客户的角度看，只是换了个更漂亮的机壳，别的功能差不多。但BH03里面的每块电路板的设计和话务台软件的研发，都是出自华为自有研发团队之手。

当时华为的研发团队是什么情况呢？一共只有6个人，他们一边要负责电路板的设计，一边要负责全部软件程序的编写，还要进行整机的调试。从外面加工回来的电路板上，有上千个焊点，工程师们用放大镜凭借肉眼一个一个地检查，有没有虚焊、漏焊或连焊。交换机的性能检测也完全依靠人工进行，遇到大话务量这一项的测试，就把包括任正非在内的全公司的人都叫到一块，一人两部话机，大家同时拿起听筒进行测试。

如果按照现在的眼光看，这简直“山寨”到不能再“山寨”了。但是对于华为来说意义重大，相当于新兵上战场开了第一枪，以后对于研发这事就不再觉得高不可攀了。

一台BH03用户交换机的市场售价为100万元，全部是在如此简陋的环境下完成调试，再由公司其他人贴标签和包装，在华为公司的办公室里出货的。那时华为公司的办公室既叫实验室，也叫生产部，公司也没有专门的研发部，只有项目组。由于持续几个月白天黑夜地干，吃、住、睡全在公司，工程师们连外面是刮风下雨都不知道。一位工程师在BH03研制成功之时，由于劳累过度，眼角膜都累坏了，不得不住院动手术。

四、小公司也有大梦想

BH03的成功给了任正非莫大的信心，他做了个重大的决定：华为将全力以赴进行自主研发。其中一个重要标志是1991年华为成立了“ASIC设计中心”，专门负责设计“专用集成电路”。

今天中国在手机行业获得了巨大成功，但是这么多中国手机厂商，只有华为拥有自主知识产权的手机芯片。中兴事件让中国厂商看到了拥有自主芯片的重要性，纷纷布局集成电路产业，然而华为早在三十年前的创业初期，就已经开始布局了。

华为芯片来自海思半导体，英文为“Hi-Silicon”，是Huawei-Sicilcon的缩写，意为华为的半导体，它的前身可以一直追溯到华为“ASIC设计中心”。ASIC是“Application Specific Integrated Circuit”的缩写，是一种为专门目的而设计的集成电路。

芯片是通信设备最底层、最核心的器件，从芯片做起，这体现了任正非1994年的豪言“十年后，华为三分天下有其一”，绝不是吹嘘而已，而是心里真这么想。当然了，这句话当初估计只有任老板自己相信。员工听到这话，估计大都在心里无奈地摇摇头，我们老板又说疯话了。

这可真是印证了二十年后马云的名言：梦想还是要有的，万一实现了呢？

前文提到，任正非特别缺乏安全感，这固然使得华为始终保持进取不懈怠，但这样的心理往往也会使人选择稳妥，避免冒险。

通信行业的发展需要巨大的研发投入，如果研发失败可能造成巨大的财务损失，甚至会导致企业破产。特别是在早期，由于中外巨大的技术差距和财力差距，中国公司即使已经是倾家荡产搞研发，但是研发投入相比国外巨头只是九牛一毛。而且研发出来的成果仍然落后于人，无法投入市场变现，这就意味着后来者要比先行者承受的研发成本高得多。

研发芯片是真正的烧钱行为，对于华为这样一家刚起步的公司来说，更是背上了难以承受的资金压力。当时流片一次性的工程费用就要十几万美元。20世纪90年代初有外汇管制，外汇额度非常稀缺。在今天看来是小钱，当时任正非可是面临着巨大的资金压力，不得不借高利贷投入研发。他曾站在五层会议室的窗边说过这样一段话："新产品研发不成功，你们可以换个工作，我只能从这里跳下去了！"

到底是什么精神使得任正非在非常早期的阶段，就能够不惜一切代价，坚决地把华为带上了自主研发之路，完成了从皮包贸易公司到技术公司的华丽转身？

在华为的发展历史中，华为不止一次被研发投入逼到墙角，任正非都咬牙挺过来了。

第三章 任正非的工业情怀是如何炼成的

一、“知识就是力量”

任正非出生于贵州安顺镇宁的一个小山村。任正非兄妹七个，加上父母共九人，全家靠父母微薄的工资来生活。1960年前后全国经济困难，粮食严重短缺，那一点点存粮连全家人填饱肚子都不够。他家当时两三人合用一条被子，破旧被单下面铺的是稻草，生活十分拮据。

随着孩子们一天天长大，衣服一天天变短，而且孩子们都要读书，开支很大，每个学期每人交2～3元学费成为任氏夫妇最大的难题。

在青少年时期，任正非并没有表现出鸿鹄之志，高中三年的理想就是能吃到一个白面馒头。直到高中毕业，任正非都没有穿过衬衣，即使炎热的夏天也是披着厚外套。尽管如此困难，他的父母仍然咬牙支持他们兄弟姐妹完成学业。

考上大学那年，需要自带被褥，这可难倒了父母。后来母亲有了一个主意，那时正赶上学生毕业，母亲就捡回毕业学生丢弃的破被单缝缝补补，洗干净做好让他带上。这条破被单伴随着任正非度过了五年的大学生活。

任正非的早年生活的艰苦，让他养成了艰苦朴素、勤俭节约的好习惯。华为创建初期，他每天穿着褶皱的衣服跟下属一起打地铺，看起来像个生产线上的工人，华为崛起后他偶尔出现在人前，简单又朴素，看起来像个朴实的农民老头。即使身为五百强企业的老总，他依然如此，任正非仍然像普通人那样坐经济舱，自己打出租车，并习以为常。

也正是因为自身经历，任正非对于寒门学子的境遇十分关心。1997年，刚刚摆脱生存压力的华为，向教育部捐献了2500万元寒门学子基金。

1967年任正非当时在外地上大学，对很多事不解、困惑。

他的父亲对他说："记住知识就是力量，别人不学，你要学，不要随大流。""以后有能力要帮助弟弟妹妹。"

正是父亲的激励，给任正非指明了方向，一颗浮躁的心最终找到了方向。不管外面的世界如何纷扰，他硬是不为所动，自学电子计算机、数字技术、自动控制的工程技术。他还结交了西安交大的一些老师，那些老师经常给他一些油印的书看。这段时间给他打下了坚实的基础，任正非知识渊博，见解独到，他在讲话中旁征博引，一针见血，可以略见一斑。任正非对科技的崇拜和敬仰，也是在那个时候形成的。

"知识就是力量"成为任正非一生坚定的信仰，也最终改变了他一生的命运。

二、任正非在东北

1968年，任正非从重庆建筑工程学院（现重庆大学）毕业，入伍当了一名基建工程兵，在部队整整待了14个年头，直到1982年转业。

部队生活对任正非影响很大，可以说，任正非的性格特征与这段军旅生涯密切相关。在商海中拼搏几十年，任正非始终保持一个军队干部雷厉风行的作风，说话直来直去，脾气暴躁，不留情面；华为高效的执行力，唱军歌的传统，无不打上了军队的烙印。

大学期间，任正非没有荒废学业，反而刻苦学习了许多知识。在部队的时候，他凭借扎实的专业知识，成为炙手可热的人才。

任正非两次填补过国家空白，又有技术发明创造，合乎时代需要，一下子成为“标兵”。

华为在1998年前的核心价值观是科技至上，一半来自任正非父亲从小对他的教诲，另一半就来自他在东北的经历。

只有理解任正非的这段经历，才能理解科技至上这一价值观对于华为的重要意义。

任正非调去辽宁省参建一项工程。进入施工现场时，数十平方公里之内，没有一间房屋，任正非和战友们全部都睡在草地上。幸好是七八月份，还不算太冷。

后来修建了一批土坯房，但是漏风漏水，既不抗冻，也不防风，到了冬天，最低温度能达到零下28度，这让在南方长大的任正非吃了许多苦头。

尽管条件十分艰苦，但是任正非觉得很快乐，因为他可以接触到世界先进的工业技术和设备。为了搞懂这些现代化设备，他没日没夜地看书学习。

在参与工程建设时，需要一种检验设备的仪器，当时中国还没有。一个技术员曾在国外看见过，就给任正非讲了下大概是什么样子。

没想到，任正非竟然用数学推导的方式，把仪器的设计给推导出来，并且制作成功了。这个仪器的名字叫“空气压力天平”，体积小，重量轻，操作很方便。

虽是一个小发明，但是当时的中国，一点儿小动静就能带来极大的鼓舞，证明科学技术是有用的。他的事迹被媒体广泛报道，《文汇报》发表了题为《我国第一台空气压力天平》的文章，里面写道：“……青年技术员任正非在仪表班战士的配合下，研制成功我国第一台高精度计量标准仪器——空气压力天平，为我国仪表工业填补了一项空白……这种仪表是最近几年刚出现的，目前世界上只有几个工业发达的国家能制造。”

在东北的这段经历让任正非印象深刻，他不仅看到了国内外技术的差距，也亲身感受到中国人昂扬向上的奋斗精神。

另一方面，任正非也并不认为有什么技术是中国人无法掌握的。他的亲身经历告诉他，中国人引进消化吸收国外先进技术，一定能够迎头赶上。

任正非青少年时期经受了物资短缺的苦难，工作后作为基建工程兵，亲身经历了新中国各项工业化建设。既有亲身经历，又有理论准备，因此他成为一个情怀深厚的工业人。

时代大潮也很快将任正非推到了改革开放的第一线，而那时的任正非还略显青涩懵懂，因此在大潮中呛几口水也是正常的……

三、华为的战略杠杆

任正非在1994年能说出“三分天下华为有其一”，可以说是堪比“隆中对”的战略预测，早在那时，他已经设想中国在美欧相争的背景下崛起的情景。华为公司数十年如一日，数千人的研发团队前赴后继地冲击同一个城墙口，这种专注世所罕见，特别是20世纪90年代初深圳被金融泡沫和房地产泡沫所笼罩，无数人为之疯狂，任正非也未向火热的证券市场瞥过一眼。如果说没有远大的战略目标，保持这种战略定力是难以想象的。

可以说，任正非的眼光是极其毒辣的。随着网络科学和复杂性系统研究的不断深入，人们已经认识到“世界即连接，连接即世界”，连接是发展的前提和基础。如果深入挖下去，宇宙演化的最本质因素就是连接（相互作用）。

所有工业门类中，通信是最重要的基础设施，而且必将变得越来越重要。这是一个厚到深不见底的价值网，值得“力出一孔”，始终向同一个城墙口发动冲击，通过“单一要素最大化”撬动整个经济发展的全局。

从20世纪90年代初，华为已经建立了如下的战略杠杆：以全球的数字经济发展红利作为杠杆，战略支点为实现更加便宜高效的互联互通，核心KPI为市场的占有率，战略引擎则为技术研发、优质服务、高性价比形成的增长飞轮。直到今天，华为的战略杠杆也没有发生重大调整，只是将战略支点从通信设备扩展到万物互联的智能世界。

这个驱动了华为近三十年高速增长的战略杠杆，最初的关键是在研发上取得突破，将战略引擎点火，驱动整个公司运转。

然而，正是为了研发，华为遭遇了巨大的生存危机，差点儿“出师未捷身先死”……

第四章

“使命愿景价值观”，华为动力的源泉

一、小老板凭什么能招来“张良”与“萧何”

华为的首款自主研发产品BH03获得了商业成功，给了任正非莫大的信心，他做了个重大的决定：华为将全力以赴自主研发。目标虽然树立起来，但是巧妇难为无米之炊，研发的关键是拥有足够的技术人才，华为并没有，甚至整个深圳也没有。

为了网罗人才，任正非将眼光投向全国，走访清华大学、华中理工大学（现华中科技大学）等理工类高校，希望能够吸引到有才华的有志青年。

但是，当时的华为只是深圳一家不起眼的小公司。在各大院校的尖子生眼中，最好的出路无非三种：一是大型国企和事业单位，端上铁饭碗，从此一生无忧；二是外企在中国设立的办事处，提供的都是令人艳羡的高薪职位；三是远赴国外留学深造，甚至从此脱离贫穷落后的祖国。无论如何，华为是排不上号的。

于是，任正非只能抓住一切机会，广泛邀请教授带着老师和学生到华为参观、访问，寻求技术合作的可能性，顺便把他的那些远大抱负和华为的美好前景宣讲一遍，期望能够搂住几个被他的梦想打动的人才。

目前担任华为轮值CEO的郭平就是在这样的背景下加入华为的，并成为华为打开人才困局的关键人物。

作为华为的核心高管之一，郭平过去一直很低调，外界对他的了解不多。由于美国以安全为由，对华为处处阻挠，郭平最近在媒体上频频发声，抨击美国对华为的打压，他的耿直给许多人留下了深刻印象。

郭平当时年仅22岁，刚从华中理工研究生毕业，留在导师身边做讲师。有一次在导师的带领下，来到了华为参观。任正非照例又进行了一番宣讲。

任正非身上那种家国情怀、企业家的远大理想抱负以及待人的真诚热情深深打动了郭平，让郭平顿时生出相见恨晚的感觉，认定21世纪全球通信市场非华为莫属，恨不得明天就搬到深圳来为华为效力。

任正非眼见终于网罗到重量级人才，心中也是狂喜不已。他当机立断，让没有什么实践经验的郭平直接成为华为公司第二款自主产品研发的项目经理。

该产品即HJD48，一种小型模拟空分式用户交换机，是一台机可以带48个用户的新产品（为了给客户以产品延续性的印象，一开始叫BH03U，华为首款自研产品BH03改为BH03K）。

郭平也果然不负厚望，不仅担当起主要负责人的工作，而且成为此后相当一段时间内华为延揽人才的“桥梁”。郭平一有时间就返回母校或者拜访同学，邀请更多人才加入华为。

被郭平挖来的这些人才中，有许多华为后来的重量级人物，其中最突出的一个，就是后来大名鼎鼎、长期担任华为研发总工程师的郑宝用。

任正非得到郭平，就如同刘备得到了徐庶，自然是欢喜得不得了。但是郭平告诉任正非，我同学郑宝用的才能十倍于我，华为要想大展拳脚，一定要把郑宝用挖来。

郑宝用是郭平在华中理工的同学，也跟郭平一样研究生毕业后当老师，被郭平找上门的时候，他刚刚通过了清华大学的博士考试，来到清华大学攻读博士学位。对于郑宝用来说，去深圳一家不知名的小公司上班，显然远远没有清华博士学位的吸引力来得大。

但是，郑宝用经不住老同学的一番热情邀请，答应来华为实地参观一下。

一到华为，在任正非和郭平的双重“煽动”下，郑宝用也被华为的魅力所吸引，觉得通信市场广阔，华为前途无量，与其在象牙塔内钻研学术，不如到市场第一线大展拳脚。

郑宝用比郭平更加“耿直”，来到了深圳就再也没回清华，连博士都不要了，直接进入郭平的项目组，跟着郭平研发HJD48，成为HJD48的软硬件开发主力。

果然如郭平所说，郑宝用理论和实践功底扎实，研发实力大家有目共睹。研发出的HJD48比预想的还要好，在技术实现上取得了新的突破。一块板可以带8个用户，比华为公司的前两款产品BH01、BH03一块板只能带4个用户，在产品的集成度上大为提高。

相似的产品，同样的功能，减少了产品所占的空间面积，容量提升了，还大幅降低了产品的成本。该产品投入市场后，质优价廉，受到很多用户好评。正是以这款产品为开端，华为的技术口碑渐渐在业内打响。

HJD48项目结束后，郑宝用作为一名新人，被火速提拔为华为公司的副总经理兼总工程师，成为仅次于任正非的二把手，负责华为公司产品的战略规划和新产品研发。

当时任正非对于企业所谓的战略规划还没有什么概念，郑宝用的职责被解读为“只要是不生产、不发货的产品，或者没做出来的产品，都归郑宝用负责”。

郑宝用对任正非的重要性，相当于张良对于刘邦的重要性。

任正非正如刘邦一样用人不疑，得到良将后毫不犹豫地委以重用。任正非经常夸奖郑宝用，将其称为“千年一遇”的人才。

在郑宝用的主持下，华为的研发实力得到数量级的跃迁，从毫无章法的“游击队”变成了有模有样的“正规军”。郑宝用不仅对华为的早期研发起到了决定性作用，成为华为公司早期研发的领军人物，也是华为公司系统化、规模化研发体系架构的总设计师。他负责建设了华为早期的研发队伍和产品体系，也是华为公司第一位中央研究部负责人，华为公司常务副总裁，华为公司副董事长。

郑宝用带有一种与生俱来的江湖豪气。后来随着华为规模呈指数级增长，任正非治下如治军的作风使他带有不怒自威的气场，其他高管对任正非畏惧三分，但是郑宝用却敢于当面顶撞他。作为华为的二号人物，他当年还经常当着下属的面挽起袖子以展示自己粗壮的臂膀，经常津津有味地讲述自己与地痞流氓打架的故事。他没有任何架子，与下属打成一片，任何人都可以开他的玩笑，他也经常邀请下属到他家里去吃饭下棋。由于江湖豪气，郑宝用在华为内部的绰号是“阿宝”，他在老华为人中拥有超高的人气和威信。

至于举荐了郑宝用的郭平，则相当于任正非的“萧何”。郭平具有萧何那种全局性的统筹规划和管理才能，甚至那种唯才是举、毫无嫉贤妒能之心的品格，也和萧何极为相似。

在HJD48项目之后，郭平被提拔为生产制造部负责人，从此长期担任华为公司的高层管理岗位，一直负责华为公司的企业管理部门，分管过采购部、华为基地建设、合资公司等重大事务，直到成为华为的常务副总裁，轮值CEO。

1991年，郑宝用主导开发HJD-04的用户机，采用了光电电路和高集成器件，被原邮电部评为国产同类产品质量可靠用户机。郑宝用还带领研发团队做了一系列产品规划，成功开发出100门、200门、400门、500门等系列化的用户交换机，全面覆盖了中小型通信市场各个层次的细分需求，极大地填补了市场的空白。郑宝用研发的用户交换机系列产品在1992年给华为带来年总产值超过1亿元，总利税超过1000万元的销售业绩。

华为的研发实力在市场上初露锋芒。

二、华为的“使命愿景”为何如此动人

回顾华为早期的这段经历，刻在任正非灵魂深处的致力于中国崛起的“使命愿景”，起到了决定性作用。

一提到企业的“使命愿景价值观”，很多人总觉得特别虚，甚至有人觉得那是企业的创始人、管理者为了让员工少拿钱多干活，用来欺骗人的。但是作为一家伟大的企业，使命愿景极端重要，甚至是企业的立身之本。

对于一个企业来说，物质待遇对于吸引人才当然必不可少，但是更重要的还是使命愿景的驱动。《人类简史》中说，人类与其他动物最大的不同，就是人会虚构故事，并且相信虚构的故事，会被虚构的故事激发出强大的驱动力。使命驱动甚至会超越一切物质条件的激励。

一个公司想短期内赚钱，是不需要使命的；但一个公司要想能够长久的成功，则离不开一个宏伟的使命。只有宏伟的使命才会形成坚定的战略定力，在企业发展遇到各种挫折考验时，才不会出现动作变形，才能够走得更远。

拿通用电气来说，这家爱迪生创立的公司第一个使命是“照亮世界”。所以，对这家公司来说，上至高层领导下至基层员工，每一个人都认同这件事，所有的工作也都围绕这件事情。即使到今天，这家公司的业务也始终围绕电气展开。

再比如阿里巴巴，使命是“让天下没有难做的生意”，尽管听起来很宏大，但是，这确是阿里人所相信的。阿里人常自嘲阿里巴巴就是一个疯子带着一群傻子聚到一起，做了一件了不起的事。

对于公司的创始人来说，使命愿景必须足够宏大，足够打动人，才能在物质条件相对短缺的情况下，聚集一帮人共同打拼。美国苹果公司的创始人乔布斯当年招揽原百事可乐CEO斯卡利就是靠一句话：“你是愿意卖一辈子糖水，还是跟我一起改变世界？”

使命愿景更重要的作用是，让公司能走出逆境，渡过难关。顺利时有钱有资源，自然是千好万好，在困境时仍然能不离不弃，坚持到底，就只能依靠坚定的信仰了。

对于公司文化塑造的重要性，任正非有深刻的认知。1997年3月20日，任正非在春节慰问团及用服①中心工作汇报会上的讲话《资源是会枯竭的，唯有文化才能生生不息》中提道：

> 华为公司有什么呢？连有限的资源都没有，但是我们的员工都很努力，拼命地创造资源。真正如国际歌所述的：“不要说我们一无所有，我们是明天的主人。从来就没有什么救世主，也不靠神仙皇帝，全靠我们自己。”八年来的含辛茹苦，只有我们自

① 用服：用户服务。

己与亲人才真正知道。一声辛苦了，会使人泪如雨下，只有华为人才真正地理解它的内涵。活下来是多么地不容易，我们对著名跨国公司的能量与水平还没有真正认识。

现在国家还有海关保护，一旦实现贸易自由化、投资自由化，中国还会剩下几个产业？为了能生存下来，我们的研究与试验人员没日没夜地拼命干，拼命地追赶世界潮流，他们有名的垫子文化，将万古流芳。我们生产队伍努力进行国际接轨，不惜调换一些功臣，也决不迟疑地坚持进步；机关服务队伍一听枪声，一见火光，就全力以赴支援前方，并不需要长官指令。为了点滴的进步，大家熬干了心血，为了积累一点生产的流动资金，至今98.5%的员工还住在农民房里，我们许多博士、硕士，甚至公司的高层领导还居无定所。一切是为了活下去，一切是为了国家与民族的振兴。世界留给我们的财富就是努力，不努力将一无所有。

……

不要说我们一无所有，我们有几千名可爱的员工，用文化粘接起来的血肉之情，它的源泉是无穷的。我们今天是利益共同体，明天是命运共同体，当我们建成内耗小、活力大的群体的时候，当我们跨过这个世纪形成团结如一人的数万人的群体的时候，我们抗御风雨的能力就增强了，可以在国际市场的大风暴中去搏击。我们是不会消亡的，因为我们拥有我们自己可以不断自我优化的文化。

20世纪八九十年代，虽然许多中国人丧失了民族自信，甚至崇洋媚外，跪倒在欧美文化的脚下，但是仍然有像郭平、郑宝用这样的人，相信任正非的梦想，相信终有一日华为能成为中国工业的脊梁。因此不断地有优秀人才汇聚于此，夜以继日地忘我工作。

正如任正非所言，初期的华为条件相当艰苦。大部分华为人都租住在公司周围的民房里，周围的南园村、南新村的房租因此不断上涨。工程师住的宿舍里除了一张床，就没有什么东西了。任正非经常到开发组来和大家聊天，有时晚上还请大家去吃消夜。正如其他伟大的创业者一样，任正非是第一流的鼓动家，每次讲话都搞得大伙热血沸腾，那是支撑员工们在华为干下去的精神动力。

尽管条件艰苦，但是在使命愿景的驱动下，华为人把全部精力都投入到工作中，除此之外一切从简。

任正非想方设法消除员工的后顾之忧，把公司打造成一个家，公司食堂的早、中、晚饭都很丰盛，晚上九点后还有消夜，周末也是如此。任正非甚至亲自在食堂张罗饭菜，因此被有些新员工误认为是食堂的大师傅。公司里还有洗澡和看电视的地方，大厅还有一个乒乓球桌可以打球。华为员工除了睡觉，大部分时间都待在公司里。

公司还给每个人买了床垫。任正非说："你们开发人员搞累了，随时可以躺在地上休息一会儿。"午休的时候，席地而卧，方便而实用。很多人几个月不回宿舍，就在这张床垫上，累了睡，醒了再爬起来干，黑白相继，没日没夜，干脆将公司和宿舍两点一线式的生活压缩叠合成一点。华为的"床垫文化"由此得名。

在任正非的心目中，"床垫文化"记载了老一代华为人的奋斗历程，凝集了老华为人的拼搏精神，代表了艰苦奋斗的优良作风，也是华为的传家宝。

有记者曾经向任正非提出过这样的问题：很多美国科技公司，比如雅虎、谷歌的员工很自由，有时候不用到公司坐班，可以在家里上班。您觉得这类企业文化跟我们中国的艰苦奋斗文化哪个更好，哪个更激励人才？

任正非回答道：“咖啡厅里坐坐，快快乐乐，喝喝咖啡就把事情做成了，这可能不是大发明，多数是小发明。互联网上有很多小苹果、小桃子，这也是可能的。我们在主航道上进攻，这是代表人类社会在突破，厚积还不一定薄发，舒舒服服的怎么可能突破，其艰难性可想而知。不眠的硅谷，不是也彰显美国人的奋斗精神吗？这个突破就像奥运会金牌，我们现在跟奥运会竞技没有什么区别。”

三、任正非为何对资本市场不屑一顾

华为早期的几款产品都属于“用户交换机”，属于交换机中的低端产品。在一连串成功的激励下，华为人将目光瞄准了更高端的“电信局用交换机”。

用户交换机的客户是医院、学校、机关事业单位等，一个设备最多开通1000用户，销售分布较广，单次销售数量小。而局用交换机的客户是各级的电信运营商，客户数少但销量大，如上海虹桥区的电信运营商至少需要开通几十万用户。交换机是按用户数来计算设备价格的，一个地区的电信运营商产生的销售量，至少相当于几十家不同行业或地区的单位，因此，局用交换机的销售额远高于用户交换机。

从用户交换机到局用交换机，看上去只是几个字的差别，但是需要跨越到一个完全不同的价值网。

不仅在技术规格、稳定性方面提出了更高的要求，而且由于利润丰厚，客户相对集中，竞争极为激烈。这个领域里的竞争对手全是世界上最知名的通信巨头，如美国AT&T、日本的NEC、法国的阿尔卡特、瑞典的爱立信、日本的富士通等，它们大都是百年巨头，在世界范围内拥有几十万名员工，年销售额达百亿甚至几百亿美元的超级巨兽。而当时的华为成立仅仅两三年，全部员工仅一百多人。从各个方面看，这场战争华为都几乎毫无胜算。

毫不夸张地说，这是一场蚂蚁向大象发起的越级挑战。不仅实力悬殊，而且初出茅庐的华为研发团队平均年龄不到三十岁，其实就是一群“学生兵”，大多数人甚至连局用交换机长什么样都不知道。

更要命的是，在前期胜利造成的乐观情绪和盲目自信之下，他们出现了致命的战略误判，一败再败，初生的华为公司被拖到生死边缘。

当时的产业政策非常奇怪，是一种逆向歧视政策。国外整机进口产品实行免税、减增值税的优惠政策，本应得到扶持的国产产品却需要纳全税。

不仅宏观政策如此，从微观上看也是这样。当时的中国电信各个采购部门的负责人，眼里要么只有那些国外的大牌子，要么就是为了应付任务采购国营电信设备，对于华为这样的民企看都不看一眼。

华为曾有一位博士为了能跟采购方见面，事先打听到对方的航班，可由于飞机晚点，在机场寒风中苦苦守候了几个小时。等降落时已经是后半夜，对方看到居然还有人接自己，喜出望外，但是听说来人是来自华为而不是自己想谈的AT&T的代表，掉头就走。还有华为销售为了挽救一个地方市场，打听到电信局的负责人与爱立信的销售在洽谈，便从吃晚饭时在宾馆大堂等候，一直到凌晨一点半，就为人家出来时能打个招呼。但是客户出来后说了一句“没时间”就走了。

由于这种逆向歧视的整体氛围，华为这样的民企处境很艰难。1992年，正当华为研发局用交换机处于紧要关头时，银行却大幅收紧了信贷，华为根本贷不到款，只好靠年利率高达20%～30%的高利贷来周转。当时华为为了筹钱甚至出了一个很不可思议的政策：哪个员工能拉来一千万贷款，一年不用上班，工资照发。

根据市场经济的原则，资金会向回报率更高的方向流动，而回报效率最高的地方，当时是股市和房地产。资金的快速聚集显然会激发股市和房市泡沫，甚至引发金融系统性风险。因此银行系统不得不紧缩银根以应对风险。

1988年的时候，海南房价均价才1350元一平方米，1992年迅速飙升到5000元一平方米。1992年的5000元按购买力计算的话，大概相当于今天的5万元。

上千亿元的资金涌入南方的几个地区，海南800亿元，上海300亿元，惠州150亿元。一块不毛之地、几张还在设计阶段的楼盘图纸，就成为资金争相追捧的对象，项目转来转去，什么都不用干，就可以1平方米赚1000元。600万人口的海南，最高峰时竟然有2万多家房地产公司。许多地方政府甚至都筹集资金，来海南捞一笔。

那个时候，潘石屹是一个砖厂厂长，陈卓林的家具厂风头正劲，王石还在贩卖玉米，杨国强还是个泥瓦工，王健林刚转业做了大连市西岗区办公室主任，许家印还在舞阳钢铁公司的车间里挥汗如雨，张玉良在上海农委会是个不起眼的小职员，吴亚军还在重庆前卫仪表厂当技工，在这场大潮中他们先后转到了房地产业。

1992年也掀起了一轮股市风暴。

1992年3月，深物业挂牌交易，上市第一天收盘价11元，对比前一年10月底发行时的每股3.6元，翻了近两番；同时期的深中华、深华发也由每股3.75元、1.9元的发行价，直线上涨到十几块。

上海更热闹，1992年5月21日上交所取消涨停板限制，上证指数从前日收盘的617点升到1266点，涨幅高达105%，其中轻工机械涨幅最大，达470%。在前所未有的超级牛市中，许多抢占先机的普通人摇身变成百万富翁，而那时一个职工兢兢业业上班，月薪最多两三百块。

1992年8月，120多万人从全国各地涌向特区深圳，抢购新股认购抽签表。他们日夜排队，一系列失控在8月10日夜间引发混乱，深圳市政府紧急应对，称其为“8·10”事件，民间则称之为“8·10”股疯。

在这场股市风暴中，有的人领悟了改革进程中的“套利”奥秘，专心做起了“倒爷”“黄牛”，借助改革释放的巨大红利，快速积累起了原始财富，登上了机场书店的成功学封面，成为许多年轻人心目中的偶像。

这两场造富神话让全中国为之疯狂，处于风暴中心的任正非却不为所动，甚至未向其瞥去一眼，仍然专注于自己的主营业务上，并且在未来几十年一贯如此。

任正非对于资本市场的冷漠渐渐出了名，甚至被许多人当作厌恶风险的反面教材。

如果说风险，还有什么风险比借高利贷搞技术研发风险更大呢？任正非不碰资本市场，不是因为厌恶风险，而是价值观使然。在他看来，企业的价值红利应当回报给为企业真正做出贡献的奋斗者，这样才能激励他们创造更大的价值，而不是流向仅仅付出资本但没有为企业做出实质贡献的投资者。

当时各路枭雄要么是“空手套白狼”，要么仅用很少的启动资金，就在房市股市迅速暴富。任正非当时事业也算是小成，手里攥着至少一亿，但是他却完全抵住捞快钱的诱惑，义无反顾地将身家性命压在看起来没啥希望的技术研发上。

这是一种怎样的魄力和使命感!

金融应当为实体经济服务，应当作为做大实体经济蛋糕的催化剂和润滑剂，而不是财富分配的工具，任正非直到今天仍然保持着这样的金融观，也支撑着华为一步步走到今天。

第五章 义乌开局，华为的生死之战

一、惨遭滑铁卢的“低端颠覆式创新”

在充斥着喧嚣的投机气氛的1992年，华为的十几个年轻工程师在同样年轻的总工程师郑宝用的带领下，带着初生牛犊不怕虎的锐气，开始研发代号为JK1000的局用交换机。这是一款采用当时市场上主流技术的模拟交换机。

经过一年的艰苦开发，JK1000在1993年年初开发成功，并在同年5月获得原邮电部的入网证书。几乎与此同时，任正非亲自主持召开市场部经理会议，确定公司今后一段时间的工作重点，是向市场大规模推销JK1000局用机。

为打好这场销售战，各地办事处主任亲自挂帅，负责本地区内的促销活动；培训中心负责产品的宣传策划与展示活动，开发部也派若干精练的技术人员参与推销。1993年7月4日，江西乐安邮电局公溪支局正式开通了首台JK1000局用机。

华为公司上下摩拳擦掌，打算在局用交换机市场大展拳脚。然而，市场的反应却极为冷淡。

当时，全球通信市场正在经历一场从模拟向数字转换的技术革命。由于计算机技术的发展，数字局用交换机在功能、性能、成本上都大大优于模拟局用交换机。华为的技术人员不是没有意识到，程控交换机取代模拟交换机将是大势所趋，但是他们错误地低估了市场接受先进技术的速度。

1990年，中国固定电话的普及率仅为1.1%，仅相当于美国20世纪初的水平，而同时期美国的电话普及率已达92%，并且依然主要采用模拟交换机。

基于这些数据，华为当时的判断认为，到2000年中国的电话普及率也就提高到5%～6%，因此通信业务仍以话音业务为主，对刚刚起步的非话音业务（如传真等），也主要在少数部门或行业中使用，用途有限。因此，先进且昂贵的程控交换机对于中国的现状是一种性能过剩，会给发展中的地区带来沉重的经济负担。

华为采用的是典型的低端颠覆式创新的思路，不追求最新技术，而是用符合市场中低端需求的低端技术来满足大众市场的需求。然而，这场如克里斯坦森在《创新者的窘境》中所描述的教科书一般的操作，居然遭遇了市场滑铁卢。这是什么原因呢？

如果克里斯坦森教授仔细研究这一案例，他一定会说，不是我的理论错了，而是华为用错了。

低端颠覆式创新成立的前提，是主流技术的发展超过了市场需求的速度，形成了“性能过剩”，因此可以用更为廉价的技术来满足市场的低端需求。表面上看，程控交换机技术似乎是性能过剩了，用户应该拒绝为性能过剩的技术支付更高的成本，但实际上并非如此。

对于国际通信巨头来说，发达国家的模拟交换机市场早已饱和，达到了“极限点”。因此他们都投入巨资押注数字交换这一突破性技术，希望通过技术的更新换代带来的设备更新需求，拉动业绩增长。

但是对于发达国家的运营商来说，这意味着现有的设备将被淘汰，成为“沉没成本”，需要投入一大笔设备采购成本，却并不能立竿见影地带动业绩增长。因此运营商对于采用程控交换机并不积极，甚至有所抵触。程控交换机设备在发达国家市场普及速度并不理想，似乎显得“性能过剩”。

于是，中国这个几乎空白的市场成为通信巨头们发力的对象。他们都希望在中国将程控交换机变现，以填补巨大的研发投入。

他们向中国电信局提出的是“通信网建设一步到位”的思路，也就是说，即使在广大农村，也开始逐步采用光缆进行传输，于是要求交换机与传输的改造同步，避免重复投资，以赶上通信业迅猛发展的潮流。

这些国际大企业的超前建设观极具影响力，迎合了多数地区特别是发达省份的建设思路。“一步到位”的观点逐步波及全国，各地家庭用电话的通信网设备选型的首要标准就是要满足“一步到位”的建设思路，有的地方干脆认为上了程控交换机就是“一步到位”了。

于是，程控交换机与“一步到位”的思路之间画上了等号。颠覆式创新的必备条件“主流厂商的产品产生了技术过剩”就不成立了。

通信设备面对的企业客户市场也不像个人客户市场那样存在那么大的多样性，大家都去追逐最新产品，因此颠覆式创新所需的“高端用户与中低端用户的需求分化”这一条件也不存在。于是华为费尽心力研发出来的JK1000生不逢时，面临没有市场的尴尬窘境。

华为错误地用发达国家的市场状况来类比新兴市场，并以此为基础做出决策，得到了错误的结论。在技术革命的转折期，新兴市场反而对于新技术的接受更为激进，其实是一种普遍存在的情况。第二次工业革命兴起之时，新兴的电气化设备对于传统的蒸汽机是一种进步，但是在英国这个老牌工业国却很难推进，因为企业主已经在蒸汽机设备上进行了大量投资，如果要替换需要付出大量的“沉没成本”。反而是没什么工业基础的美国和德国，电气化设备迅速得到普及。同理，移动支付在中国迅速普及，在美国却困难重重，是因为美国已有发达的信用卡支付体系。

华为公司显然不甘心从牙缝里挤出来的巨额研发投入就这样打了水漂，竭尽全力挣扎。技术部、销售部都拼命在各种场合为JK1000空分交换机造势。

华为多次组织农话的电信局人员来公司举行技术讨论会，并在自己的内部刊物《华为人》上发表文章，宣传电信网络建设“一步到不了位”“综合到位要量力而行”等思路，就是希望国内很多地方还是先上模拟交换机，等到2000年后过渡到数字程控交换。华为凭着各种营销手段，在1993年卖出去了200多套JK1000。

这些费尽心力卖出的设备不仅没有起到正面作用，反而进一步拖累了华为。本来电信局的采购人员就是心存疑虑，被华为销售说服，采用了“落后技术”，结果华为当时的产品质量也不过关，这些设备出现了各种故障，进一步加剧了采购方的疑虑。

最严重的问题是电源的防雷问题。华为的宣传部门刚刚在报纸上登载了华为的交换机能防雷击，紧接着就收到了来自用户关于在打雷时华为交换机出事故的投诉，甚至有好几台使用中的JK1000都起火了，差点儿把机房烧掉。

这样的事情出了几次，华为设备质量不好的传言就传开了。前期苦心经营的客户网络以及口碑遭遇了沉重打击，使得华为后来再推新产品困难重重。

二、再接再厉，背水一战

遭遇了如此的失败，接下来该怎么办？

如果换作其他人，可能会认为新产品研发困难重重，风险太大，不是一个实力薄弱的小公司能驾驭的，与具有巨大优势的国际巨头竞争简直是痴心妄想，还是退回舒适区，继续干省心又挣钱的老本行算了。

但是任正非既然选定了这条路，就绝不会退缩。他仍然决定一条路走到黑，咬牙坚持下去。

不是对竞争对手研究不透吗？华为从此制定了紧跟竞争对手的研发策略，搜集各个通信巨头的各种产品和技术资料。华为人甚至在展会上得到对方的一张宣传彩页，也会如获至宝地带回公司和大伙反复钻研。华为研发部门开过无数次内部会议，研究竞争对手规划的产品特性与规格，并且一个不落地全部做进自己的产品规划中并设法实现。

在电信这个狭窄的赛道上，从产品的角度很难进行“与其不好不如不同”的错位竞争，只能是发挥狭路相逢勇者胜的亮剑精神，做到“人无我有，人有我优”。对于竞争对手已有的技术规格，华为除了全部实现之外，还要力争在此基础上进行改良，生出点儿竞争对手没有的指标或功能来，打得竞争对手措手不及。

不是质量不过关吗？华为从此开始狠抓质量，并且掀起了向日本公司学习的热潮。整个研发部门集体学习日本著名质量管理专家田口玄一①博士提出的产品质量的三次设计：系统设计（一次设计）、参数设计（二次设计）和容差设计（三次设计）。华为还专门组织研发部及生产部代表到日本进行参观学习，之后在企业全面推行日本式的品质管理。与此同时，华为积极接触和了解刚刚在世界范围流行起来的ISO9000质量体系，并于1994年开始推广ISO9000质量体系，力图从体系建设上确保质量。

总而言之，采取一切措施解决质量问题。

1993年8月，在华为举办的农村通信技术和市场研讨会上，总工程师郑宝用做了一场语出惊人的技术讲座，其中提到华为将要研发的下一款产品C&C08。这场技术讲座的内容是如此超前，其中内部光纤、智能化的思想已处于世界级领先水平，从1993年到2000年一直引导着华为交换机的研发。

这表明华为不仅没有因为研发失败而裹足不前，而且在苦练基本功的同时，集中公司所有剩余的资金和人员，背水一战地全面投入到全新的程控交换机的研发中。

C&C的格式是模仿当时电信业的老大AT&T而来的。至于08没什么具体的含义，只是讨个吉利。

C&C有两个含义：一是Country&City（农村&城市），表达了华为人从农村走向城市的渴望；二是Computer&Communication（计算机&通信），程

① 田口玄一，日本人，知名统计学家、工程管理专家。他创造了田口方法（Taguchi Method），为品质工程的奠基者。

控交换机就是计算机和通信的组合。

这两个含义正好全面解释了华为的研发之路，以及华为远大的战略目标。

当时，华为已经被逼到了墙角，如果这次再失败，华为公司将面临清盘的命运。

通信设备的客户都是政府和事业单位，回款流程极长，甚至长达几个月。华为投入大量资源研发的JK1000失败了，使得华为的资金链一下子紧绷起来。

由于缺乏资金，华为依靠高利贷维持运转，员工工资只能拿一半，剩下的一半打白条。很多员工私下议论最多的是公司哪一天会破产，账上那一半的工资能否拿得到。由于担心公司随时被清盘，人心惶惶，人员流动性很大。

任正非本来可以过着很滋润的富豪生活，但是他却选择将身家性命押在自主创新上。

被任正非压上身家性命、寄予全部希望的华为研发团队，大都是刚毕业不久的小伙子，甚至包括总工程师郑宝用也不过刚读博士而已。那时华为研发人员每人手边都有一本程控交换机的国内规范，因为那本书是红皮的，更因为那是大家每天要看的书，因而大家称之为“红宝书”。

最有实践经验的是项目经理毛生江。当时邮电部在西安举办了一个程控交换机学习班，全国从事交换机研发的单位都会派人参加，任正非得知后，立刻动起了挖人的脑筋。华为的人参加此次学习班有两个目的，白天学习，晚上挖人。来自长春电信设备厂的毛生江就是这么被挖过来的。但毛生江也只是短期接触过交换机，只能算是“半桶水”。

华为当时的研发水平低到让人难以置信，毫无规划，干到哪里算哪里，最高目标就是能打通电话。交换机死机是家常便饭，硬件上也没有人懂交换机，公司又没有钱买仪器，只能用万用表测来测去，对着维修的电路图把40门的小交换机测了一个遍。当时的硬件部经理徐文伟还写了一篇文章，题目叫《用万用表及示波器来认识交换机》。

硬件组讨论各种电路板放在什么位置，给人感觉是小孩搭积木——左拼右凑；为了赶进度，经常这边负责设计原理图的人还在修改，那边负责CAD做硬件布线的人员已经加紧布线了，往往线路图刚布一半，又传来要求修改的指示，气得负责CAD工作的员工哇哇叫。软件那边更夸张，项目已经在如火如荼地进行了，软件组还在集体学习信令配合的基本概念。

如果被当时国外通信巨头的研发人员知道，如此状况的华为居然还要自不量力地挑战自己，一定会笑掉大牙。

“这样能做出机器来吗？”华为的研发人员也曾不止一次地怀疑过。

研发这边如同难产，销售部动作却很迅速，在程控交换机还没开发出来的时候，就已经为第一个交换机找好了开局的地方——浙江义乌。

三、义乌，梦想起步之地

当时的程控交换机市场刚刚兴起，由于国外产品成熟、性能稳定，各地邮电局和通信商纷纷使用进口设备。当时主流产品是合资企业上海贝尔的S1240交换机，来自法国阿尔卡特的技术，由于供不应求，订货很久了都不能发货。

那个时候县市级邮电局对通信设备还拥有自主采购权，义乌邮电局负责设备采购的副局长名叫王健林（跟万达的王健林不是同一个人）。更换交换机的需求迫在眉睫，但是又一直订不到货。在杭州举办的一次通信设备展销会上，王健林第一次接触到了华为。任正非亲自在摊位前推销，反复重复一句话："支持民族工业！"

在了解了华为C&C08交换机的技术参数以后，王健林心想：既然上海贝尔的交换机那么难定，就尝试用用华为的吧。

为了这个决定，王健林扛了巨大的压力。

这是国内小厂新出的第一台机器，没人用过，还要重新配备电源设备和辅助设备。万一开不通，风险很大，甚至会因此掉职位，而且这个厂的上一批机器因为质量问题，已经让好几个电信局官员丢了职位。

省局领导得知这一消息后，也不同意义乌邮电局采购华为的设备。王健林后来回忆说："当时年轻气盛，也不知道哪儿来的勇气，硬是和省局对抗到底。为了采购华为08机，还和上面摔过电话。"

至于说是哪里来的勇气，可能就是任正非的那句"支持民族工业"点燃了王健林内心的爱国情怀。在华为的成长道路上，特别是在早期，正是因为有许许多多像王健林那样心怀振兴民族工业情怀的人伸出援手，才让华为从一棵小苗终于成长为参天大树。

就这样，义乌邮电局顶住风险和压力，订购了第一台C&C08 2000门交换机，并选择了佛堂镇作为开通试点。

在当时的环境下，义乌邮电局采购的这台机器，几乎是华为所能推销出去的仅有的一台程控交换机。

原计划1993年5月或6月出去开局的，却因产品出不来一拖再拖。任正非那段时间如同热锅上的蚂蚁，好像一下老了十岁。项目经理毛生江每天看到当时任软件经理的刘平都要嘟囔一句："再不出去开局，老板要杀了我。"

1993年10月，压力太大实在绷不住了，尽管设备还没有调试稳定，开发组就将第一台C&C08 2000门的交换机搬到浙江义乌佛堂镇开局了。他们想的是：大不了遇到问题现场调试，但是真不能再往后拖了，如果时间拖太久，义乌那边订到了上海贝尔的机器，就一切都完了。

但第一台交换机可能出现的糟糕状况，还是超出了研发人员的估计，呼损大，断线，死机，打不通电话，或者电话打到一半突然中断，或者干脆就断线等现象，你能想象到的交换机能出的问题，这台机器几乎都出过。华为的主要骨干和研发团队都来过佛堂，与义乌邮电局的人一起会战，解决问题。总工郑宝用亲临现场指挥，任正非也不远千里来到佛堂多次看望，与开局的华为工程师住在一起，吃在一起，给大家以极大的鼓舞。

华为研发人员婉拒了义乌邮电局定好的旅馆，从旅馆租了被子，直接打地铺睡在机房里。交换机只有一台，又要测试，又要调试，时间特别紧张，只好24小时两班倒。有时候烧开水的电水壶坏了，大伙儿连一杯热水都喝不上。有的工程师实在累得顶不住了，就在机房地板上躺一躺，一会儿再起来接着干活。

这个局足足开了两个多月才完成，后来还经常出毛病，经常需要开发人员去维护。直到几年后，华为把义乌局的全部换了新版本的交换机，才算稳定下来。

在义乌通汇商厦举行的鉴定会上，该机通过了原邮电部验收，正式进入电信网络得以应用。尽管过程曲折，但是华为首台C&C08终于算是一炮打响。首台程控交换机的成功落户，以及华为人热情忘我的服务精神，也坚定了义乌邮电局与华为继续合作的信心。佛堂的成功迅速带火了C&C08在义乌的大批量应用，就连电信母局也改成了华为的交换机，然后又从义乌走向了全国。

义乌开局是如此惊险，意义又如此重大，让那些亲历过第一台C&C08 2000门交换机研发及开局的人员事后回忆时，都后怕不已。

他们说："我们在华为参与研发过很多产品，离开华为后也参与过自主产品的研发，但其刺激和惊险程度都无法和C&C08程控交换机的研发相提并论。""如果那次真的出了什么差错，没有搞成，就没有了今天的华为。"

"皮实、好用"是义乌老邮电人对华为产品的一致认知。"以前供电紧张，电压不稳定，220V的标准电压一有跳动，进口或者合资的交换机就无法工作。但是华为的交换机即便在170V的电压下也能正常使用，特别适合当时的中国国情。”

曾经参与首台C&C08交换机调试的义乌邮电局工程师宋保良对这件事印象很深。他说：“别的交换机要在空调恒温下才能运作，碰到停电就‘瘫痪’，而华为却对环境温度‘迟钝’得多，放在简易房甚至楼梯下都能用。”

华为的服务意识也让宋保良赞不绝口：“订货以后不用找其他人，有问题直接打电话给前台，机子处在怎样的生产阶段，什么时候能供货，货品已经送到哪里，一整套进程都清清楚楚。‘为用户创造价值’这句话在华为用到了极致。”有了华为的进入，义乌邮电局就彻底放弃了日本F150交换机，同时也极大地拉低了当时老牌交换机的价格。

华为C&C08程控交换机不仅技术定位高，而且在附属功能上满足了中国电信局在话务统计、终端操作、计费等方面的特殊要求。这就是C&C08程控交换机深受中国农村市场欢迎的主要原因。

国外的交换机是无论如何也做不到现场去响应中国市场某一地在计费、话务统计、操作等方面的特殊需求的，虽然这些附属功能的开发难度并不高。

“《华为人》每期都会寄给我，只要看到华为有新技术宣传，我们就会用它的产品。”王健林说，“哪怕是没有完全成熟的产品，我们都敢用。我们非常相信华为团队的研发能力和敬业精神。”

义乌曾一度成了华为新技术的试验田。首个V5接口的安装验收、首个电源监控设备的应用、能实现越洋通话的七号信令系统，都是在义乌首次实现的。

义乌能从资源匮乏的小县城一步步发展成为全球最大的小商品集散地，同时也成为中国通信产业发展历史上具有里程碑意义事件的发生地，义乌人这种“敢为天下先”的精神是内在的基石。

义乌局首战成功，华为承受了一年之久的巨大压力一扫而空，上上下下兴奋异常。任正非此时仍然保持冷静。他说：“交换机的优化工作要持续8年，要不断地接收用户的反馈信息，不断地改进我们的交换机，使它长期居于最先进交换设备的行列。”

在以后的岁月中，华为的程控交换机真的足足优化了8年！请德国最优秀的设计师来设计机架、机柜，解决了外观问题；支持远端用户的功能在C&C08后续的版本中陆续实现。而在优化8年后的2000年，C&C08的“孙子辈”开始雄霸天下，成为使用最先进技术的世界级交换机。

C&C08程控交换机是华为历史上最重要的一个发展里程碑，可以看作华为公司突破S曲线[①]的破局点，走上高速发展之路的起点。在这场决定生死的关键一战中，华为将士团结奋战，终于杀出一条血路，从此走上了快速发展的征程。

① S曲线：任何技术、产品、服务、行业都存在从诞生、发展、成熟到衰亡的过程，形如S形曲线。

第六章 迷茫时刻，华为的坚守

一、联想的开局

就在华为在程控交换机取得重大突破的同时，国内其他通信厂家也开始在这一领域发力，并取得了丰硕成果。共有五家分别推出了数字交换机，合称为“巨大金中华”——除了华为之外，另外四家分别为：巨龙通信、大唐电信、广州金鹏、中兴通讯。

1991年，38岁的解放军信息工程学院（现中国人民解放军信息工程大学）院长邬江兴率先主持研发出了HJD04万门程控交换机，一举打破了外企的垄断，并打破了“中国人造不出大容量的程控交换机”的断言，标志着我国跻身于世界少数可以独立开发大容量交换设备的国家之列。这给了华为以及其他民族通信企业极大的鼓励和信心。巨龙通信因此而崛起。

大唐电信于1993年成立，背靠原邮电部电信科学技术研究院，其主要研发团队均来自后者。1986年原邮电部一所就研制出了DS-2000程控数字交换机，1991年十所又研发出了DS-30万门市话程控交换机，并于次年投入商用。

作为华为长期的老对手，中兴的动作比华为还快一些。1992年1月中兴通讯ZX500A农话端局交换机的实验局顺利开通，1993年，中兴2000门局用程控交换机的装机量已占全国农话年新增容量的18%。金鹏知名度相对较小，它起家于原电子工业部第五十四所与华为的“娘家”——华中理工联合开发的EIM-601数字交换机。

“巨大金中华”的发展，使得中国电信市场被“七国八制”分割，由进口高价设备垄断的混乱局面，出现了破局的契机。一方面，由于本土厂商介入竞标，长期居高不下的电信设备价格开始快速下滑，为运营商争取到了相对合理的价位；另一方面，由于成本的下降，中国运营商开始步入大规模建网周期，电信基础设施水平快速提升。

联想直接切入程控交换机市场。1992年2月，在联想的年度工作会议上，时任联想总工程师的倪光南在会上提出创立局用程控交换机项目、进军电信市场的提议，得到了联想管理层的支持，与华为几乎同时，联想开始了程控交换机的研发。联想的程控交换机充分依托在PC机上的技术积累，大量使用成熟技术和模块，规避了很多弯路，有效地缩短了开发周期。1993年底，联想的第一台交换机LEX5000在河北廊坊顺利开局。

二、影响深远的“Wintel同盟”

1990年后中国开始大幅度地降低了关税，外国的大牌企业像康柏、IBM、AST等大举冲进中国。中国国内的电脑厂商压力巨大。

如果放眼全球，当时各国的日子都不好过，其中美国遭遇严重的经济危机，数以百计的电脑厂商不是倒闭就是亏损。就连人们一直仰望的业界泰斗IBM也不能幸免，通过裁减4万人才勉强维持住不到1%的利润率，而康柏的总裁也因为股价大跌70%被迫辞职。

这场危机让电脑行业哀鸿遍野，曾经名噪一时的王安电脑轰然倒塌，但在某些人眼中却是巨大的机会。

比尔·盖茨的商业洞察力比绝大多数同时代的人要深远得多。早在PC行业刚刚兴起之时，他就意识到只要垄断了操作系统，就相当于垄断了整个PC行业，从而将彻底改写行业规则。

比尔·盖茨与提供芯片的英特尔公司结成了所谓的“Wintel同盟”，“Wintel同盟”正是借着这次危机“趁火打劫”，与众多电脑厂商签订了“城下之盟”，也就是捆绑微软的操作系统和Intel芯片销售个人电脑，从而奠定了日后雄霸天下的微软帝国的基础。

微软的崛起，实际上已经预示了个人电脑硬件制造将无法绕开微软和英特尔，而且因为市场的主动权以及大部分利润将被操作系统提供商和更底层的芯片制造商所攫取，夹在中间的硬件制造商只不过挣一份辛苦钱而已。但当时能看到这一点的人寥寥无几，甚至IBM高层和苹果公司创始人乔布斯也不例外。

Wintel同盟只是美国IT以及通信技术优势的一个典型代表而已。在当时中国相关行业的从业者看来，挑战美国的技术优势无异于以卵击石。

柳传志左思右想，确定了联想的战略是通过工艺流程的优化改进，降低成本，从价格上击败进口产品。1994年3月，联想微机事业部成立，年轻的杨元庆出任总经理。

后来倪光南被免去总工程师的职务，柳传志全面掌管联想。

1995年，柳传志正式提出了“贸工技”的说法。1998年，柳传志在《计算机世界》上发表名为《贸工技三级跳》的文章，将“贸工技”提至联想的战略高度。文章中有这样几段话：

> “科学技术是第一生产力”绝不应是一句空话。它应该体现在科技成果转化为批量的产品，能在市场销售，并获得经济效益。而其中一部分收益又投入到科研开发之中，形成一个良性发展循环。
>
> ……
>
> 面对外国企业的竞争，联想PC要做得和他们一样好，甚至比他们更好，但成本要远比他们低；而面对国内品牌的PC，联想则要利用自己在管理上先行一步的优势，进一步提高工作效率，增

加规模。

从联想电脑公司的例子可以看出，在PC机形成规模产业的过程中，以销售开拓市场，以科技促进生产，提高效率，形成更大的产业规模，可走上一条成功之路。

1996年，联想超越国外品牌，首次位居国内市场占有率首位，1999年联想成为亚太市场顶级电脑商，在全国电子百强中名列第一。2000年，联想集团有限公司进入香港恒生指数成份股，成为香港旗舰型的高科技股。联想跻身全球十强最佳管理电脑厂商。2003年，联想收购IBM个人PC业务，这是中国企业首次收购国外巨头的业务。

在当时的历史条件下，联想的选择代表了大多数中国同行的理性选择。在美国的压倒性技术优势面前，避其锋芒，选择对方不愿意做的脏活累活，至少保留了将来发展的一线希望。

三、倪光南的造芯之梦

后来，倪光南离开了联想，在倪光南的心中，他有着为中国造芯的梦。

1999年，毕业于哈工大，曾在日立公司担任芯片设计总监的加拿大籍华人李德磊创办了方舟科技，李德磊带着一支做CPU的完整技术队伍找到了倪光南，希望可以与他合作，双方一拍即合。

倪光南用自己能调动的所有资源来帮方舟科技，他找钱、找他能找到的一切。倪光南完全抛掉了个人的利益，在方舟科技没有要任何的股份，就为了能实现自己的一个梦，一个让中国电子工业强大起来的梦。

功夫不负有心人，2001年，“方舟一号”横空出世，从此改变了中国无“芯”的历史。

“方舟一号”不是英特尔X86那样的通用高性能芯片，而是一款嵌入式芯片。倪光南认为，跟在英特尔屁股后面做通用芯片肯定竞争不过。X86体系的技术难度还是其次，最关键的因素是在这条道路上早已被专利层层布局，追赶者每走一步，都会遇到英特尔布下的专利“地雷阵”，英特尔的知识产权部门早已严阵以待，准备用专利官司拖垮后来者。华为在后来的研发道路上，就遭遇了国外巨头猛烈的专利阻击战，差点儿被活活拖死。

但是，如果另辟蹊径，做成瘦客户机的“云+端”解决方案，则有可能绕开这些专利陷阱，从而取代Wintel架构。倪光南认为这或许就是一个推动中国产业起跑的契机。

这种“云+端”的方案，正是如今如火如荼的云计算的原型。

然而，看似梦幻的开局，却没有迎来美好的结局。当他们拿着自己做出来的芯片，跑遍中国去找合作商时才发现，此时，在中国竟然没有一家公司有能力基于一块CPU开发产品原型。

他们本以为这是献给国家最好的礼物，不承想却没有一家能接受这份“馈赠”的企业。迫不得已，他们又组建了自己的硬件团队，自己做产品原型，原型做完却又发现没有配套的软件可用……

Wintel同盟已经建立了十几年，整个IT业的生态系统都是围绕着英特尔芯片和微软的操作系统而建立，中国当时的电子百强企业大都是围绕这一生态做外围开发而已。

要想绕开他们，那就不是几亿十几亿元的事了，而是要拿出花掉几千亿元的魄力，不仅要做出芯片，还要做出整个软硬件配套的生态系统。就像后来的华为2012实验室持续不断地投资，打造自己的芯片和操作系统。

然而由于种种原因，在重重阻力下方舟项目彻底流产。

方舟项目的失败，并不在于技术本身，而是在于它缺乏相关配套和产业链。

方舟的研发团队也不是没有留下种子。1997年中科院计算机所博士毕业的刘强在方舟做主管研发的副总裁，2005年他离开方舟成立了君正。走自主研发路线的君正公司于2010年IPO上市，生产的芯片用于360摄像机、小米手表等多款产品上。

四、目前形势和我们的任务

企业的发展短期看资源和机会，中期看管理，长期看使命。拥有伟大使命，起点再低，终究能成为伟大的企业。使命有缺陷，开局再好，终究会高开低走，泯然众人。

放弃了自主研发，企业规模再大，也是给别人打工，要想真正掌握自己的命运，终究要走上自主研发的道路。

自主研发是一条先难后易的路，虽然前面困难重重，但是路会越走越宽。

很少有人愿意像华为那样走孤独攀登之路。多数企业没有像华为一样勇于攀登技术的高峰，归根结底是对中国、对中国人的能力不具有自信。面对国外巨头的百年积累，中国人是否能迎头赶上，掌握自主核心技术，发展独立自主的工业体系？

结合当时的情况，大多数中国知识精英对于中国在技术层面是否能超过美国都持否定态度。

比较1994年的中国和美国，确实，中国的技术积累薄弱，人才储备距离美国有重大的差距。但是中国拥有全世界最大规模的基础教育体系，随着大学扩招，即将迎来全世界最大规模的高等人才。二十年后，中国受过高等教育的人口将超过美国。华为正是借着这一轮人才红利而崛起。

绝大多数企业都只看到了短期利益，按照亚马逊创始人贝索斯的话说，大部分企业都只能看到未来一年、三年的动向，能看到七年的寥寥无几。所谓长线思维说起来简单，但要真正做到实在是太难了。还有谁能像任正非那样，不投机，不急躁，不冒进，不懈怠，耐心地几十年持续投入，数十年如一日地持续向目标前进？

况且，华为当年因为研发差点儿倒闭，也是依靠莫大的勇气和运气才获得转机。

长期担任阿里巴巴集团战略顾问的曾鸣教授，关于企业的战略格局提出“点线面体”的理论。简单地说，一个企业是一个点，产业链上下游形成线，许多线相互协同形成面，许多面综合起来就是体。

这是典型的系统论思维，大系统是由更低层级的众多小系统组成的，而小系统依附于大系统而存在。一般的企业关心的是如何找到一个蓬勃向上的生态系统在其中生存，在即将倾覆的泰坦尼克号上，个人做得再出色也没有意义。对于领军型企业来说，光是顾着自己过得好远远不够，而是要肩负更大的使命，带动更多的线和面，促成整体昂扬向上。

历史上的那些超级公司，比如美国的通用电器、波音，无不是引领国家工业的发展，并且因为国家整体繁荣而变得更加强大。

中国的崛起也需要出现自己的通用电气，种种机缘之下，最终让华为这个纯“草根”挑起了大梁。在当年严重缺乏自信的环境中，华为就能够坚决地投入技术研发，走出了一条昂扬的发展之路，如今的华为不仅要做未来智能世界的基石，甚至已经超越了狭隘的民族视角，站在整个人类文明的角度，思考人类未来的发展方向，这是怎样的气魄和胸怀？

这让我想起了电影《流浪地球》中吴京饰演的宇航员刘培强与人工智能Moss的斗争。在重大命运关口，人类需要非理性的勇气，从不可能中寻找可能，人类才有明天和希望。

第七章 “农村包围城市”背后的金融“魔法”

一、恶劣的国内市场形势

1994年10月25日，北京静安庄，中国国际展览中心，这里正在举行亚太地区规模最大的国际通信展。任正非带着稚嫩的华为团队，以及刚刚开局成功的C&C08万门交换机，首次参加国际通信展。

初出茅庐的华为向着众多国际通信巨头宣布：我来了！

由于华为只有这么一台拿得出手的机器，在众多实力雄厚的通信巨头面前，展台实在没什么可看的。于是任正非让员工在展台的两侧挂上两面大大的五星红旗，以此来吸引人们。

一位旅居国外二十多年、曾在美国某大公司工作的女士驻足华为展台，当她反复确认C&C08交换机的展品确实是华为自主设计生产的后，激动得热泪盈眶。她没想到在这种国际大展中，居然能够看到不逊于国外产品的中国自主研发产品，不由得激动地说："中国要发展，唯有靠自强。"

这是华为首次在国际通信展上亮相。在场的诸多国际通信巨头没有想到，这个不起眼的中国小厂商将来会成长为他们可怕的对手。

通信展之后，华为员工穿着参加展会的统一制服，在西乡华为公司厂房的楼顶拍摄电视广告。一群人排成几排，双拳一握，齐声说：“华为恭祝全体电信员工春节快乐！”

该广告在1995年春节的时候在中央台新闻联播节目播出，这是华为公司进入终端市场之前唯一的一次电视广告。这显示了当时任正非踌躇满志，准备大展拳脚。华为要凭借C&C08系列攻城拔寨，从被国外厂商占领的各个电信局夺回阵地。

任正非的信心当然主要来自华为自主研发的C&C08交换机。除此之外，当时国家政策开始调整，逐渐向有利于国内通信厂商的方向改变，也让他信心倍增——国家取消了国外交换机利用商业贷款获得的免除关税、增值税的做法，使国内外工业处于公平竞争的状态。

然而，这并不意味着华为的道路一马平川。国家制定更加公平的贸易政策，只不过让华为的生存环境有所改善而已。一些中外合资的通信企业，仍然是挡在华为面前难以逾越的拦路虎。

20世纪90年代初期，正是中外合资企业成立的高峰。国外通信巨头纷纷通过技术转让给邮电系统甚至当地其他机构的方式进入中国。比利时贝尔公司与上海邮电系统合资成立上海贝尔；AT&T与青岛邮电系统合资成立青岛朗讯；北电与广州邮电系统合资成立广东北电。

这些合资公司的技术、设备和企业管理方面主要由外方提供，国内提供资金和场地，领导人由邮电系统外派骨干来担任。

地方邮电系统以及地方其他机构与外资利益一致，显然会影响到决策者的决定。合资企业不仅享受地方政策的各种优待，而且在进行设备采购时，邮电系统自然会优先采购关联公司的设备。

面对这种情况，任正非认识到，光靠技术研发对于打开市场仍然是远远不够的。如果不能从地方邮电局与外资的利益联盟中撕开一道口子，华为的发展就无从谈起。

二、破解之道：建立利益共同体

华为也效仿通信巨头们的方法，与地方邮电系统组建合资公司。更巧妙的是，华为不是跟一个地方合资，而是把全国各地的邮电系统都拉入伙，共同成立一家合资公司。

任正非首先取得了深圳市政府的大力支持，由于华为是自主研发的典型，是深圳市重点扶植的对象，市政府当然会大力支持。然后通过深圳市影响广东省政府。在省市两级政府的影响力之下，事情就好推进了。

从1992年开始，任正非通过各种渠道放风，提出了市场与生产相结合的思路，与各地邮电系统组建股份公司，通过邮电企业职工集资参股实现共同富裕。他还提出“三个分开、两个面向”的目标，实现科研、生产、销售分开，科研面向美国先进技术，生产面向工艺装备品质管理。

这家构想中的公司名字叫作莫贝克，这个名字据说取自通信技术发展史上的三个著名人物莫尔斯、贝尔、马可尼（以前译作马克尼）的名字。

莫贝克公司既符合当时国家倡导的市场化改革、现代企业制度改革的方向，又基本符合我国制度和法律的大框架，简直就是为各地邮电系统量身定做的改革方案，因此引发了各地邮电系统的强烈兴趣。

1993年4月24日，莫贝克公司创立大会第一次会议正式召开，选举产生了董事会成员。任正非担任副董事长，成都电信局局长为公司董事长，董事会的其他主要成员均为各地邮电部门的负责人。1994年2月28日，在莫贝克公司第二次会议上，任正非被改选为董事长。

公司以融资的真金白银作为研发资金开发C&C08，作为回报，华为承诺每年支付很高的股息。

莫贝克公司对于华为来说，相当于借了一笔贷款，但是其实际价值却远高于此。对邮电系统而言，这是用自己的资金在自己的地盘做市场，让自己获利，自然全力以赴。

最初的莫贝克公司并不是一个经营实体，而是一个平台，目的就是跟各个地方邮电系统形成利益共同体，一方面可以获得资金支持，另一方面又能解决一部分市场问题。因此，不断地吸纳新的股东方，不断充实新的力量，是莫贝克公司主要的任务之一。

公司创立之初，就强调吸纳更多邮电企业参股，希望全国各级邮电部门（包括省、市、县级邮电局在内）都来参股，同时希望由各企业职工集资入股的形式，真正使莫贝克公司成为一个由全体邮电职工参股的股份公司。

比起合资公司，华为提供的蛋糕分得更细，惠及普通邮电员工。通过充分发动群众，用邮电员工的民意来影响决策层。

莫贝克公司这种集市场销售渠道于一体的合作方式，成为助推华为迅猛发展的引擎。从莫贝克公司成立开始，华为的销售额就开始了不低于200%的爆发式增长。华为的销售额从1992年的1亿元突破到1993年的4.1亿元，1994年年底的8亿元，而1995年则升至15亿元，1996年又达到26

亿元。

当时，国外通信巨头由于占据技术和市场的双重优势，十分轻视中国厂商，只是在省会大城市设立办事处，由于其产品售价高昂，销售集中在大中型城市，对县级以下地区基本没有关注。农村市场由于线路条件差，利润薄，国外厂商一般都不屑于进入。今天的欧美发达国家也是如此。出过国的很多人都有体会，在国外大城市4G信号很好，但是一到郊区或者农村，信号就时有时无了。

产品售价高，放弃广大的中低端市场，这就给华为等中国厂商留下了大把的低端颠覆的机会。比如爱立信当时只派了三四个人负责盯黑龙江的本地网，华为却派了200个人常年驻守，对每个县电信局的本地网项目寸土必争。

由于莫贝克公司这个利益平台的存在，华为的“农村包围城市”策略相当于在竞争对手的优势区域发展了大量“卧底”，准备性的铺垫工作已经就绪，只要华为产品过硬，抢占市场不在话下。

华为建立的这种利益均沾，打通市场销售、厂商供应、高效运作的模式，受到了社会各方的认可。

从1994年年初开始，莫贝克公司的工作重点是，将C&C08打入各个股东负责的地区市场，并以各地示范效应带动更多的地区加盟。

华为的交换机针对中国客户的需求，开发了各种贴心服务功能，而且华为的服务要比国外厂商好得多，在示范效应的带动下，华为交换机如同摧枯拉朽，迅速占领了各个三线以下城市以及县乡级市场。随着万门交换机的研发成功，华为进一步攻占一二线城市的电信市场。

由于华为的交换机迅速铺开，并与国外同类产品竞争，从1993年到1995年，中国的交换机市场价格出现大跳水，销售价格从每线200～300美元直线下跌到每线80美元，身为莫贝克公司股东的各地邮电系统不仅获得了分红，而且节约了大量采购成本，迅速扩张了电信业务，获得了更大的利益。

关于莫贝克公司模式，任正非还有进一步的深远考量。他曾多次向国家表示，以此为龙头，组建由中国主要邮电系统单位共同参加的C&C08大集团，为了国家的发展，华为以及华为人作为经营团队愿意做最大的牺牲。

1995年任正非在上海的公开讲演中谈道："公司下阶段将'切块上市'，把一部分产品公司转成上市的公众公司，以募集到更多的发展资金，建立现代化的生产线，……大规模地复制技术，产生利润，降低成本。华为公司将在1996年首先将莫贝克股份公司推向市场，转化为上市公司。接着经过产权清理后，开放华为，让社会资金进入华为，扩充成C&C08大集团，在运行稳定后，同样转化为上市公司。成立C&C08大集团的事，中央及地方政府十分关注。我们仍一如既往地欢迎广大的邮电部门、工厂、三产职工投资。在利益均沾的基础上，合作起来。"

由于种种原因，这个构想中的"C&C08大集团"并没有实现。莫贝克公司在完成了向华为融资输血以及打开各地市场的历史使命后，最终被卖掉。

1996年，莫贝克公司确立了独立发展和独立上市的目标后，就不能只是一个融资公司了。于是任正非聘请了原四通集团的副总、职业经理人李玉琢，将通信设备电源的相关资源注入进行独立发展的运作，并更名为华为电气。短短五年内，华为电气迅速占领了中国通信及IT电源市场40%以上的份额。2001年，华为遭遇严重的内忧外患，处境艰难。为了聚焦核心通信业务，华为电气（已更名为安圣电气）被以7.5亿美元的价格卖给了艾默生电气。

从莫贝克公司这一事例可以看出，其实任正非并不排斥金融，他只是排斥通过金融工具投机发财。如果用金融手段融资，以促进核心业务的发展，他双手欢迎。

华为为了解决资金问题，采用了多种金融手段，莫贝克公司只是其中一例而已。从中我们可以窥见任正非的金融“魔法”。

从1994年开始，华为相继在四川、浙江、山东、河北、安徽、新疆等地与当地邮电局成立了27家合资公司，这些合资公司大量吸纳邮电系统企业入股，缓解了华为发展期资金匮乏的矛盾，每家合资公司的注册资金高达2000万元人民币，各个合资公司共计为华为提供了5.4亿元的“风险投资”基金，极大缓解了其高速发展过程中的资金饥渴问题。

在解决融资问题的同时，这些合资公司还进一步打通市场销售渠道，实现拓展市场、占领市场和巩固市场的目的。

早在1994年，华为就首先推出买方信贷的金融创新，极大缓解了资金链的紧张。

通信设备是大宗对公业务，金额高，回款周期长。电信局正式订货，到生产、发货、安装调测、验收合格，国外厂商往往需要一年左右的时间，华为虽然采取了各种备货方式，将周期缩短到6～8个月，仍然给华为的资金链造成极大压力。早期华为成立了一支由行政人员组成的“催款队”，全国四处“催款”，但终究只是治标不治本。

华为向招商银行总行申请，由对方提供华为客户的买方信贷。1994年11月，华为公司和招商银行签署了正式的“买方信贷协议”，开始了银行、企业、客户三方团结合作，也就是将银行也拉到华为的利益共同体当中。

在金融资本的加持下，华为如虎添翼，在1994年获深圳市开发型高新技术企业“综合排序第一名”“销售额排序第一名”“年利税排序第一名”，成为当年唯一获得三个排名第一的企业。

三、富强之路：利出一孔

任正非的金融魔法万变不离其宗，并且在中国历史上早有渊源。早在两千多年前的春秋时代，法家之祖、辅佐齐桓公称霸的管仲就提出“以人为本”“废私立公”“以天下之财利天下之人”，从而实现全民共同富裕的观点。

管仲指出：“利出于一孔者，其国无敌；出二孔者，其兵不诎；出三孔者，不可以举兵；出四孔者，其国必亡。先王知其然，故塞民之养，隘其利途。故予之在君，夺之在君，贫之在君，富之在君。故民之戴上如日月，亲君若父母。”

翻译过来就是：经济权益由国家统一掌握，这样的国家强大无敌；分两家掌握，军事力量将削弱一半；分三家掌握，就无力出兵作战；分四家掌握，国家一定灭亡。先王[①]明白这个道理，所以总是堵塞人们奢侈消费、牟取暴利的途径。因此，予之、夺之决定于国君（国家），贫之、富之也

① 先王即指周朝诸王。周公所作《周礼》的重要内容就是限制奢侈消费，以便发展生产。

决定于国君。这样，人民就拥戴国君有如日月，亲近国君有如父母了。

国家强大的奥秘在于利出一孔，也就是结成利益共同体和命运共同体。

英国当年就是借助金融工具很好地解决了“利出一孔”问题，才成长为大英帝国。

英国与当时大陆头号强国法国作战，财政面临枯竭。1694年英格兰银行成立后，很快推出了面向英国所有阶层发行的国债，从国王到贩夫走卒，人人踊跃购买，以国债为担保，英格兰银行就可以发行货币，充作军费，其实只是调动英国各阶层的财力（还包括英国的盟国以及透支未来的财力，甚至还包括法国的财力）与法国王室所能调动的现金作战，从而实现了最终胜利。国债的收益跟英国的发展情况密切相关，所有英国人的收益都与国家的命运前途捆绑在一起，于是便自发自觉地做有利于国家的事情。这就是大英帝国的“利出一孔”。

美国刚建立之时，同样是借助国债这个金融工具实现“利出一孔”，将四分五裂的各州捆绑到一起，结成利益共同体，实现了大国崛起。

任正非更是将“利出一孔”的原则运用到了极致。

他的金融魔法不仅将外部的相关利益方与华为结成一体，更重要的是，全体员工的利益与公司的长远发展捆绑在一起，只有公司蓬勃发展，每个人才能获得利益，变短期利益为长期利益，并根据所做的贡献大小进行分配，不让员工短期内暴富，鼓励奋斗者，立足于长期发展。1998年正式颁布的《华为基本法》，就是把管仲的这些思想落实成为华为的基本制度。

最初是因为华为公司严重缺钱，发不出现金，不得不给员工打白条，折算成股份。1994年之后，华为年销售额达到8亿元，再也不需要打白条了。然而，任正非受到白条的启发，开始推行内部融资持股计划，也就是每年员工自己出资购买公司股票。

主要操作方案是：根据员工的年终奖金，超额配置股票，差额可以由华为公司有利息地借款给员工。员工持股份额根据“才能、责任、贡献、工作态度、风险承诺”决定。

比如，某华为员工1998年拿到1997年年终奖金4万元，但分得股票8万元，还要借钱倒贴4万元给华为买股票，没钱买可以向公司借贷买股票。结果算下来，他不仅一分钱奖金没拿到，反而欠公司4万元！

到了1999年，8万元的分红达60%，分红就只能还公司贷款落不到自己钱袋里了。获得年终奖8万元，但又分得股票18万元，因此不仅还是拿不到钱，还要反交给公司10万元！

这10万元基本相当于该员工1998年和1999年在华为两年的工资总额。因此累积两年下来，奖金没拿过一分，还欠公司10万元，或者把两年的工资又全上交给了华为！但因此拥有总计达26万元的股票！

如果不离开华为，员工其实一直在欠华为公司的钱，或者倒贴给华为公司辛苦赚来的工资，一旦华为停止成长或关门，所有员工投入到华为的钱都会血本无归。华为就是采取这种利益捆绑的方式，将人才紧紧地拴在公司的大船上，将人才导向公司的整体利益和发展。所有华为人只能竭尽全力为公司发展做贡献，因为华为一旦破产，所有华为人将一无所有。

华为公司分配给人才的内部股票不买还不行，公司给你分18万元的股票，不买就意味着你不和华为一条心，下一步升职、加薪等都会受影响。

这项制度刚推行之时，很多华为员工心存疑虑，不买或者只买一部分华为股票，结果第二年看着周围的同事分红，眼红不说，这一年的升职和加薪还多少受到些影响，就更郁闷。因此，第二年再分股票时，根本不用督促，他们就会坚决吃进！

不少尝到了高分红比例甜头的华为人，每年都想方设法地想多挣一些股票，而多挣一些股票的唯一办法就是多给公司创造价值！因此大家一心都放在工作上，公司的发展、部门的发展以及个人在华为的发展就这样统一起来了。

华为人之所以加班成风，那是激励制度设计得巧妙，使得大家心甘情愿地加班。

任正非让华为的每一个人都跟他一起向华为公司做风险投资，把钱投进去，把自己投进去，利益捆绑，风险共担。

华为员工不仅是打工者，同时也是企业的投资者、合伙人。没有钱也没关系，公司借钱给你投进去。对于华为发展没有做出贡献的人士，那就对不起了，你钱再多也没机会投。华为的机制是只让为企业做出贡献的人分享企业发展红利。

风险与收益成正比，你怕风险不敢去投，那你就只好干看着别人在前途和“钱途”两方面的发展，沦为其他人的打工者、企业发展的旁观者，而不是利益的分享者。

华为的内部股票制度曾做到连华为的前台、秘书、司机都拥有华为的股票。后来由于金融合规的问题，内部的“华为银行”被取消，改为员工向商业银行贷款。

任正非将股份分给全体员工，自己仅占有公司总股本的1.1%，亲身实践了管仲所说的“废私立公”“以天下之财利天下之人”。

2002年，成长起来的华为逐渐抛弃了曾经支撑其高速发展的内部股权制，引入期权和MBO等国际上通用的人才激励方式。但华为摸索出来的将个人身家和自己都注入公司的“全员持股”制度，是华为留下来的宝贵财富，值得中国众多企业借鉴，尤其是对处于发展初期的中小企业来说，更是凝聚人财物不可多得的法宝。

任正非的金融魔法真正回归了金融本质：应实体经济需要而生，为繁荣实体经济服务。同时还理顺了内外众多利益相关方，实现“利出一孔”，进而凝聚所有人的合力，实现“力出一孔”。

中国当前提出的“一带一路”倡议，与各国共建“亚投行”，建设海南自由贸易港、粤港澳大湾区，则是在更大的尺度上吸引各方力量，打造利益共同体，实现“利出一孔”。

无论中国还是华为，最底层的思想是“以天下之财利天下之人”，所以还是那句话，华为是微缩版的中国。

第八章 任正非是如何进行“分形创新”的

一、任正非的大将“韩信”

25岁对于普通人来说，可能还处于人生事业刚起步的阶段。如果在一线城市，很可能每天挤公交地铁，过着朝九晚五的上班族生活；如果在小城市，家境和运气好的话，能进银行、电力或者政府机关，端着铁饭碗。

25岁的李一男却已经是华为公司的副总裁，也是当时中国电子百强企业中最年轻的副总裁。

李一男为什么这么厉害?

按照“点线面体”系统论的分析框架，一个人的成功当然要靠个人奋斗，但也要考虑历史进程。

20世纪90年代，中国正处于高速发展的阶段，又赶上通信技术日新月异发展的黄金时期，华为公司又是中国通信行业中表现最出色的公司。

李一男的幸运，除了他自己的能力出众之外，还在于他在恰当的时间加入华为，并且正好赶上C&C08万门机项目的研发。

C&C08万门交换机对华为来说，不是一个简单的产品，它是华为后来发展的基石，也是华为发展历程中第一个重大转折点。

C&C08万门机是华为第一个大规模进入电信市场的产品，为华为带来了可观的收入。源源不断的利润才能让华为不断加大研发投入，获得后续的高速增长。

该交换机最大的特点是模块化设计，便于不断优化升级，因此C&C08更是华为的产品平台，华为后来的所有网络侧通信产品：传输、无线、智能、数据通信等，都是在这个平台上发展起来的。

前文提到的C&C08 2000门机也叫C&C08A型机，是容量为2000门的独立局，既有用户线又有中继线，可以独立安装在一个地方工作，独立成为一个电信局，该交换局最多只能带2000个用户。A型机的研发是为了适应单位用户，一个单位2000个用户以下，或者农村用户几个村不到2000个电话用户的市场。

随着电话资费的降低，一个端局用户数飞涨，A型机已不能满足需要，于是出了C&C08万门机，也就是C型机。其特点是中央控制模块连接各个用户模块或中继模块，各个用户或中继模块无法独立成局，必须经过中央控制模块指挥，才能跟其他局进行联系。

这种结构的好处是，在不改变其他模块的情况下，用户模块的数目可以不断扩展，从而使得容量大幅提升。

一开始，一个中央控制模块可以同时连8个用户模块或者中继模块，这样一个C型机就可以带近万个用户，所以叫万门机。采用万门机的电信局已不是几个村而至少是一个县了。华为正是伴随着C&C08万门机的推广，从农村进入了城市。

1997年以后华为又推出了C&C08B模块，单个模块容量达到6688线，同时中央模块也从同时带8个模块发展到同时带16个B模块、32个B模块甚至最后128个B模块，这样由一台华为C&C08交换机所构建的单个电信局可以发展的用户数分别达到10万、20万、100万。

于是，华为产品开始攻占全国大大小小各级城市。

华为的C&C08 128模块，最多可以支持100万用户，但当时华为研发部不敢做技术规划到100万门，因为当时包括AT&T在内的业界最先进的程控交换机一个局40万门已是最大容量，华为原技术规划也是最多支持到40万门。

100万门的规划，是任正非这个技术门外汉拍脑袋想出来的。他给出的理由是，40万门是根据欧美城市的规模设计出来的，中国人口规模和密度远高于国外，因此中国的通话规模必然超越国外，而大电信局的高集中度将极大降低电信运营商的建设总成本、维护总成本，市场空间会很大。

华为技术部门是通过类比法进行决策，任正非虽然不懂技术，却是用演绎法决策。事态的发展结果，充分证明了任正非的英明远见。

到20世纪90年代末，包括AT&T、爱立信、西门子、上海贝尔在内的众多通信公司已停止了程控交换机技术的更新和研发，投入重兵布局代表未来的无线通信技术。而此时扎根于中国的华为却根据中国的特殊国情和用户需求，不断更新换代程控交换机技术。C&C08系统128模块的推出，使华为在没有竞争压力的情况下，登上了程控交换机窄带技术的最高点，赚取了丰厚的利润。

C&C08是华为的“黄埔军校”，为华为培养了一大批干部。华为的大部分副总裁都是从这个产品中出来的。作为华为研发中枢的中央研究部的历任负责人，更是全部由C&C08出来的人担任：郑宝用、黎键、杨汉超、李一男、李晓涛、洪天峰、费敏。至于在公司各部门当总监的就更数不胜数。

这些华为高管跟着任正非打江山，将一穷二白的华为打拼成数千亿的超级航母，加入华为时平均年龄不到30岁。他们在任正非这位卓越的领头人的带领下，为了共同的使命愿景艰苦奋斗，创造了一个又一个奇迹。

其中能力特别突出的，就是后来被称作“华为太子”的李一男。

如果说郑宝用和郭平相当于汉初三杰中的张良和萧何，那么李一男就相当于三杰中最锋芒毕露的那位——“军神”韩信。

二、容忍小失败才能获得大成功

李一男是华中科技大学少年班的学生，15岁就上了大学。1993年进入华为时还不到22岁，研究生尚未毕业，算是来实习。

当时C&C08 2000门机还在紧张研发中，郑宝用提前开始布局万门机方案，并把自己这位来实习的师弟调到万门机组。

从2000门机向万门机的扩展，当时主流做法是用内部的高速总线将多个2000门交换模块连接在一起，上海贝尔的S1240就是这种结构。

郑宝用和李一男学的是光学物理专业，他们结合自己的专业，提出了一个大胆的想法：能否用光纤把多个模块连接在一起。这种做法虽然技术先进，但是有很大的风险，因为当时光传输技术还不太成熟，在交换机中采用光传输技术的只有AT&T的5号交换机。

初出茅庐的李一男更进一步，提出采用准SDH（同步数字传输体制）技术来实现内部模块连接的一种设想。SDH技术是一种先进的光纤传输技术，也是如今通信骨干网的主流技术。后来的事实证明，采用准SDH技术是一项创举，当时不仅在中国，而且在国际上都是最先进的一种实现方法。

但是，当时准SDH技术刚出现，是否可靠还未得到充分验证。

李一男作为还没走出学校的学生，凭着读了几本书就提出了大胆的技术构想，国际上都没听说过。

如果换成你是任正非，该如何决策呢？

大多数人的第一反应估计是，这简直是胡闹。然后把李一男这个不知天高地厚的人打入冷宫，从此边缘化。

在此任正非显出非同一般的魄力和技术直觉，他下意识地认为李一男的建议可能是未来的发展方向，不妨一试。他将刚到华为七天的李一男提拔为高级工程师、项目经理，负责万门机的研究工作。

这件事体现出任正非“分形创新”的思路：主营业务应当是由无数更加微小的创新业务所组成的。在确保主航道目标大体明确的前提下，建设不同的团队分别进行创新尝试，让有能力有干劲的人带领团队向前冲。

创新是对未知的探索，失败是难免的，因此必须允许失败，容忍失败带来的风险和损失，否则创新就无从谈起。

在大多数公司，尝试失败的项目通常会被砍掉，人员会被解雇，体现出“成王败寇”的指导思想。

但是在任正非的认知中，创新是困难的，失败是正常的，经历过失败的人才更是宝贝，因为他们经历过失败，踩过坑，思考更加深刻，在未来的研发工作中能够发挥更大的作用。

容忍小的失败，才能获得更大的成功，这是分形创新最大的魅力。反之，则是众多大企业走向衰亡的诱因。

曾经被管理界封神的杰克·韦尔奇，在通用电气以践行六西格玛（Six Sigma）管理体系成为行业标杆。

六西格玛方法包含五个循环的步骤：定义、测量、分析、改进、控制。

最初，六西格玛是一种质量管理方法，原理是如果你检测到项目中有什么缺陷，就可以找出办法系统地减少缺陷，使项目尽量完美。一个企业要想达到六西格玛标准，那么它的出错率不能超过千万分之三十四。

从20世纪90年代中期开始，六西格玛被GE从一种质量管理方法演变成为一种高度有效的企业流程设计、改善和优化的技术，并提供了一系列同等的适用于设计、生产和服务的新产品开发工具。

六西格玛管理体系是基于牛顿机械世界观的管理哲学高度标准化、数字化、精密化的产物，可以说是传统管理哲学走向登峰造极的产物。

在高度精密的现代制造业中，它是节约成本、提高效率、减少缺陷、提升用户满意度的利器，甚至在一切目标和结果确定的过程中，它都是一种特别有效的方法论哲学。

但是在当今这个快速变化的时代，将其作为整个公司的管理哲学，特别是一个创新驱动的公司的管理哲学，甚至形成了以此为核心的组织心智，就大有问题了。在短期内，六西格玛确实可以显著提升业绩，但是长期来看，它无法有效应对环境变化，扼杀了创新的可能。

六西格玛要求竭尽一切手段避免犯错，减少浪费。但是只要是探索新事物，就免不了会犯错，造成浪费。在避免出错避免浪费的指导思想下，一切创新都被扼杀在萌芽之中。

GE之后，六西格玛成为大公司广泛采用的管理哲学，其中包括摩托罗拉、戴尔、惠普、西门子、索尼、东芝等。这些大公司纷纷成为裹足不前、缺乏创新的泥足巨人，已经或即将倒在更加锐意进取的竞争者的枪口之下。

任正非本人对此的评价非常到位："谁摧毁了索尼？KPI高绩效文化。我们处在一个创新的时代，把很多不确定性、确定性工作都流程化后，就抑制了新东西的产生。”

亚马逊总裁贝索斯在2019年的致股东信中，对于分形创新的思想，也进行了精彩阐述：

在亚马逊成立之初，我们就知道自己想要创造一种建设者——拥有好奇心的人，或者说是探险家——的文化。他们喜欢发明，哪怕他们是专家，还是抱有跟初学者一样“新鲜的”心态。他们认为，我们做事的方式应该是专注于当下。建设者的心态能帮助我们以一种谦卑的信念来对待巨大的、难以解决的机会，明白可以通过迭代的方式来取得成功：发明、启动、重新发明、重新启动、重新开始、抹除、重复、一次又一次地重复。他们知道，通往成功的道路绝不是一帆风顺的。

在商业活动中，有些时候（经常是在实际上）你知道自己要去哪里，这样你就可以变得更有效率，制订计划并加以执行。相反，在商业活动中“冒险”（wandering）并不是有效的……但也不是随机的，而是由直觉、好奇心和强烈的信念所引导的，这种信念认为顾客的价值是足够大的。为了找到去路，我们有必要保持一点儿混乱和不那么切题的态度。“冒险”是对效率的一种必要的制衡，你需要同时采用两者。超大的发现——也就是那些“非线性”的发现——很可能是需要“冒险”的。

……随着公司的发展，任何事情都需要扩展，包括失败实验的规模。如果失败的规模没有扩大，那就无法以一种真正能让指针移动的规模进行发明。亚马逊将以适当的规模进行试验，而以我们的公司规模来看，偶尔遭遇数十亿美元的失败是正常的。当然，我们不会轻率地进行这样的实验。我们会努力做出好的押注，但并不是所有好的押注最终都会得到回报。作为一家大公司，这种大规模的冒险行为是我们可以为客户和社会提供的服务的一部分。对股东来说，好消息是，只要能赢得一次大规模的押注，就能弥补多次输掉的押注所带来的损失。

伟大的公司，往往是类似的。

贝索斯提到的允许失败、敢于承担风险的精神，是分形创新的精髓，也一直贯穿华为公司的发展史。

不拘一格降人才、客观面对失败的用人思想，是华为的一大特色，也成为华为战斗力的一大保证。

三、三分天下有其一

当时，华为交换机销售的主要市场在农村。大部分人都受限于“眼见为实”的束缚，只能考虑短期的事情。因此大部分华为员工都觉得2000门交换机就足够了，开发万门机根本就卖不出去，不知道该项目的意义是什么。

万门机项目组的人尤其郁闷，顶头上司是这样一个瘦瘦的小孩，任老板也不知道怎么了，把这么个小孩提拔起来给我们当领导，简直是莫名其妙！

当时担任李一男副手的刘平事隔多年还能清楚地记得，李一男第一次召集大家开会时的情景。

李一男比刘平小整整10岁，瘦得看起来一阵风就能吹倒，说话的声音很小，有气无力，要很注意才听得清楚；那大概是他头一回当领导召集开会，在与刘平讲话的时候有点儿紧张，手还有点儿发抖。

为了稳住军心，李一男特地请郑宝用来给大家开会。郑宝用说：“你们尽管开发，开发出来，我保证帮你们卖掉十台。”

大家都没想到，他们亲手开发出的C&C08万门机后来不是卖十台，而是卖了几十万台，成了国内公用电话通信网中的主流交换机。

李一男最初做的万门机方案，是考虑采用类似于上海贝尔、日本富士通的总线的方式，那时候公开的总线标准速度最快的是美国英特尔公司的Multibus II总线，所以李一男决定用Multibus来实现万门机。由于最初方案采用了美国英特尔公司的总线产品，华为研发部因此第一次订了近20万美元的开发板和工具，为了赶时间，华为公司全权让研发部订货。

但后经研发部再次会诊和进一步研究了几个月，大家又认为采用该产品不合适：华为根本就没有技术能力来实现这么快的总线。20万美元的开发板和工具全白订了！

1993年中期，正是华为公司财务状况最紧张的时期，许多急需的元器件都因为没有资金而无法马上进货，为了一批已经没有太多用的开发板和工具再花费这么多钱已不可能。

年轻的李一男给公司带来了严重损失，让他背上了沉重的思想包袱。每天上班，李一男听到电话铃声就紧张，怕是供应商催款，或者任正非的责骂。

但是任正非却完全接受了这样的失误，没有任何责怪的意思，尽管他当时资金紧张。华为公司各级主管都深知项目组承受的巨大压力，大家在不同场合为项目组打气，丝毫没有责备或惩罚订错了开发板和工具的李一男。后来，在郑宝用的努力下，仅赔偿了供应商20万元人民币，为公司挽回了不少损失。

在公司上下的鼎力支持下，李一男也终于不负众望，带领团队成功研发出万门机的原型机。

随着C&C08 2000门机开局成功，万门机的开局也被提上议事日程。第一个试验局选在江苏徐州的邳州。

邳州是个县级市，古称下邳，是汉初张良遇到黄石公的地方。这是华为“泥腿子们”第一次“洗干净脚进城”，也是华为的交换机产品第一次安装在县级电信机房中。

邳州电信局之前采购过一批上海贝尔的S1240交换机，但由于用户装电话的需求太大，很快容量就不够用了。扩容时他们还想再买上海贝尔的交换机，但是，这时上海贝尔的订货已经排到了第二年，他们可等不了这么久。

负责江苏地区的华为销售抓住这一千载难逢的机会，让邳州电信局最终拍板用华为的交换机试一试。

华为的C&C08万门机初出茅庐，就和上海贝尔的交换机放在了一个机房。和上海贝尔的机器一比，华为的交换机看起来那么“土”，让华为的工程师感到自惭形秽：机柜又矮又小，颜色灰不溜秋的，机架导轨松软，电路板卡槽尺寸公差太大，导致插进去拔不出来，拔出来后又插不进去。

想象一下，华为工程师面对那种场景，有多么尴尬。但是能和上海贝尔的国外机器放在一个机房，对于当时的华为来说，本身就是一个了不起的成绩。

机器开始调试后，碰到了一个大问题，和徐州那边的上级局联不上，打不了跨局的长途电话。

一开始，大家怀疑是中继板有问题，从华为公司调来了新的中继板，可还是解决不了问题。大家又怀疑是中继线有问题，派人去徐州买了新的中继线，也不行；华为公司又派人带了新的中继线来试，还是不行。华为公司派来了一拨又一拨的硬件开发人员，问题都没有解决。

一个多星期过去了，项目毫无进展，大家都有点儿绝望。作为项目负责人的李一男扛着巨大的压力，他有一次沉重地对刘平说："我可能干不下去了，以后你接着干。"

一个很偶然的机会，硬件负责人余厚林发现交换机接地没接好。把地线接好后问题迎刃而解。被这样一个小问题差点儿卡死，说起来很可笑，从侧面也可以看出当时华为研发的经验有多缺乏。

比起软件问题，上述硬件还是小事。

因为已经收了用户的钱，电信局急于放号，在交换机刚能打通电话，还没有详细测试的时候，就割接[①]上线了。但交换机还有很多问题，大家只好白天睡觉，晚上看没什么人打电话的时候就开始调试，解决遗留的问题。

最大的问题是，由于软件上的bug，导致在一定概率下会出现电话通话的时隙被占用而没有释放。

这就相当于电脑内存被占用无法释放一样，时间长了所有时隙都被占用之后，系统就会瘫痪。

现场的软件工程师一开始想了很多办法都没有解决这个问题，最后实在没办法了，只好用了一个不是办法的办法：在软件中设置了每天夜里两点软件重启动的功能，将所有时隙资源清零释放掉，大家称为"半夜鸡叫"。如果有用户这时候正在打电话，电话会突然断线。

"半夜鸡叫"维持了有大半年的时间，经过了多次版本升级后才得到解决。

1994年10月中旬万门机成功验收。任正非亲自参加了验收仪式。晚上在大家的住处，任正非来跟工程师们聊天。聊到兴起之处，任正非激昂地

① 割接：将一种业务或流量从一个网络中移植到另一网络中。

说：“10年后，华为要和AT&T、阿尔卡特三足鼎立，华为要占三分之一天下！”

大家哄然大笑，心想：“我们的老板今天肯定是喝多了，吹牛都没边了。”

要知道，当时大家要把头抬得高高的，才能仰视到中国的电信设备老大上海贝尔；而AT&T是当时世界级的电信设备老大，大家把头抬得再高，连影子都看不到。

然而事情的发展远超大家的预料。任正非的这一战略判断堪比诸葛亮的“隆中对”。十年之后的2004年，任正非的预言基本实现。

2005年，AT&T分拆出来的设备制造商朗讯，尽管拥有全球通信界顶级的研发机构——贝尔实验室，却迫于业绩压力与阿尔卡特合并，AT&T转型成为一家运营商。

发展到今天，华为已经成为全球通信行业的老大，从前受它仰视的通信巨头都被它甩在身后，并且华为在终端、智能云方面也很有建树，成为全球首屈一指的ICT公司。

随着万门机在市场上取得巨大成功，李一男的职位如坐了火箭一般上升，不到一年的时间就成为华为交换产品线的总经理。3年后，25岁的李一男就成为华为公司副总裁，经常代表华为在国际和国内媒体上发言。

李一男也是20世纪90年代中国电子百强企业中最年轻的副总裁，被许多人认为是任正非指定的接班人，后经媒体报道轰动一时，成为中国IT界的名人。

当时任正非有一句名言：“郑宝用和李一男，一个是比尔，一个是盖茨。只有两个人合在一起，才是华为的比尔·盖茨。”

基于分形创新的思维方式，任正非爱护人才，容忍失败，对人才充分信任，能够最大限度地激发人才的自驱力和创造力，使得华为能够不断涌现出精兵强将，带领队伍奋勇前行。

那么，这种做法有没有负面效果呢？

当然也有，而且在李一男身上体现得最为突出和典型。

随着李一男领导的人越来越多，他的口才也越来越好了。虽然李一男说话声音依然不大，但他的眼神凌厉，透露出来莫大的热情和对事业执着的精神。

同时，他也越来越表现出桀骜不驯、独断专行的思想倾向。

有一次李一男亲自带队去山东答标，浩浩荡荡几十人，都身穿黑西装，气势逼人。

在交流会上，客户技术人员问："你们华为的基站，在我们山东的冬天能不能用啊？"华为一个技术人员答："可以啊，在我们内蒙古的实验局里，冬天大雪纷飞，也用得好好的！"李一男当时显得非常生气，直接当着客户的面吼道："哪有你这样回答问题的？你马上给我从华为离职！"

李一男的意思可能是要科学地回答能到零下几十度。但那个时候，这些数据未必有，即使有，也未必正确。该员工后来被下面的领导保护起来了，但李一男这个大脾气的故事传得很远很广。这种嚣张跋扈、自以为是的作风，也为他后来出走华为，与任正非决裂埋下了伏笔。

第九章 华为高效研发的奥秘

一、研发过程的“工业化”改造

1995年，是IT发展史上的重要一年。

这一年的8月24日，美国微软公司正式推出了划时代的个人电脑操作系统——win95，它带来了比以往更强大、更稳定、更实用的桌面图形用户界面，同时也结束了桌面操作系统的自由竞争时代，微软一统江湖，比尔·盖茨君临天下。作为个人电脑行业开拓者的苹果公司，只能龟缩到小众市场苟延残喘，处于濒临破产的边缘。

对于华为来说，1995年也是一个重要的里程碑。正是从这一年起，华为从国内诸多通信厂商中脱颖而出，并把竞争对手远远地甩在后面。

在华为开发出C&C08交换机的同时，巨龙、大唐、中兴也推出了相应的程控交换机产品，但是此后，华为有如神助，开启了持续创新引擎，创新产品如同雨后春笋不断冒出，而且研发周期相对于竞争对手也大幅缩短。

如果仅仅是依靠“分形创新”机制来解释，似乎是远远不够的。

华为在这一年到底发生了什么？

1995年3月，在华为总工郑宝用的极力倡议下，100多名从各个部门抽调的研发骨干成立了一个全新的部门，这个部门拥有一个很霸气的名字——中央研究部。从此，华为拥有了脱离具体产品的、战略性、规模化、统筹全局的研发机构。

中央研究部成为华为创新引擎的核心。

中研部建立之时，华为在市场上所销售的成规模的产品只有C&C08交换机，并且还不太稳定，功能也不齐全。

郑宝用的眼光并没有停留在交换机上。一款产品再成功，在技术迭代的趋势下，迟早也会落伍，因此实现大规模持续性的技术创新，才是公司生存发展的关键。而要实现这一点，并不只是需要技术研发能力的扩张，更重要的是技术管理能力的提升。中研部的建立，正是为了进一步加强华为的技术管理能力，以及相应的队伍建设和组织保障。

“中央”一词很有中国特色，是相对于“地方”而言的。在那个时候，任正非和郑宝用心中已经有了远大的研发事业蓝图。聚天下英才，为我所用，即在全国各地乃至全世界设立众多研究所，深圳总部自然就成了“中央”。仅仅几个月后，郑宝用就开始安排人员去北京和上海着手筹建研究所。这两大研究所为华为将来开拓战略级的“第二曲线”，发挥了重要作用。

中央研究部到底干啥呢？

1995年之前，华为虽然已经启动了研发工作，但是研发力量并不独立，而是分散在各个项目组里，而且研发隶属于生产部门之下。那时华为的发货量小，造出一台发一台，因此矛盾不是很凸显。

但是在C&C08交换机的研发过程中，矛盾就暴露出来了。该产品的技术复杂程度远超以往，所需的工程师人员规模也远远超过华为之前做过的所有产品，对技术和人员的管理难度都较高，远远超出了早期华为在经验中形成的研发管理能力。

郑宝用的长处在于大局观极好，眼界十分开阔，具有较强的收集和消化国内外技术信息的能力。

他认识到，通信行业是一个研发密集型行业，华为作为一家提供通信产品的公司，服务和营销永远都只能处于辅助地位，归根结底，还是依靠产品说话，而产品又是依靠技术创新作为驱动，研发必然居于核心地位。由于技术处于不断的迭代改进过程中，应当建立高效的研发机制，使得效率大幅提升，才能应对未来激烈的市场竞争。

那么，如何才能大幅提升研发效率呢?

郑宝用给出的答案是：对研发过程进行工业化改造。

在很多人的印象中，技术研发依靠的是少数技术天才的灵光一现，是个人创造力的结果。也许在工业化早期确实如此，但是随着技术的发展，技术变得越来越复杂，大规模团队作战的研发越来越成为一种趋势。

这种情况在通信行业表现得尤为明显。即使在20世纪90年代，硬件的一块单板通常有数千乃至上万个元器件，一套交换机系统上有十几种不同类型的单板，软件则动辄多达几十万行代码。靠个人的力量绝不可能完成新产品的研发，需要大规模团队协作才能办到。

如果采用传统的项目制研发模式，每个产品分别立项研发，不仅周期长，而且实际上有许多工作是重复劳动，造成巨大的浪费。

既然研发过程存在分工协作，那么就存在工业化改造的可能性。

什么是工业化的本质？不是蒸汽机，也不是厂房，更不是资本主义，而是产品的模块化和标准化。它使得产品成为简单零件的组合，可以实现零件或模块的互换，从而具备大规模扩张产能的可能。

现代工业的标准化生产始于18世纪末，美国发明家伊莱·惠特尼于1898年首次公开展示了标准化互换性生产方式生产出来的枪支。当时在场的第三任美国总统托马斯·杰斐逊断言，这将引发生产方式的革命。20世纪20年代在泰勒“科学管理”的影响下，工业界将管理思想与当时流行的电气化、标准化、系列化概念相结合，成功地诞生了“少品种大批大量生产”的生产模式，推动了工业化发展的进程，美国的“福特制”就是典型代表。

这一模式的生产效率高，单件产品成本低，但它是以损失产品的多样化，掩盖产品个性为代价的，因此被称为刚性生产方式。

随着经济的不断发展，企业的竞争形式也在发生变化。从供给不足时代形成的、以满足基本功能需求为核心的供给侧思维，逐渐过渡到供给过剩时代的、以满足用户体验为核心的需求侧思维。

于是，刚性生产模式的弊端逐渐显现，主要表现在：成本增加、过量库存、适应市场的灵敏度低。

如何改造？唯有靠“组合式创新”。

组合式创新理论最早是由被称为创新理论之父的奥地利经济学家约瑟夫·熊彼特提出的。他在那本著名的成名作《经济发展理论》中提出，创新就是建立一种新的生产函数。然而他所定义的创新是一种商业模式创新，或者更具体地说是生产方式创新，严格区别于技术发明。

圣塔菲研究所的科学家布莱恩·阿瑟在《技术的本质》这本书中告诉我们，任何新技术实际上都是现有技术要素的一种组合。所谓技术研发的工业化改造，就是将基本的技术要素模块化和标准化，形成品类丰富的素材库（相当于零件）保存在后台。在研发新产品时，根据前台的用户需求，在中台调用技术模块进行高效组装，从而快速研发出满足需求的产品。

这种“广后台、强中台、小前台”的结构，既满足了多变的用户需求，又尽可能地提升了供给效率，不仅可以用于技术研发，几乎可以用于所有行业，是如今热门的所谓“柔性生产”“敏捷开发”的内涵实质。

张一鸣的头条帝国被称为“App工厂”，App的研发效率远高于竞争对手，就采用了类似的架构实现敏捷开发。奥妙就在于，这些新App都是今日头条所掌握的技术要素的新组合，通过技术要素的模块化组装，就可以快速批量开发出新的App。

这就是按照“组合创新”这一思维模型打造的持续创新引擎。

华为早在二十多年前，就已经利用组合创新的方式，实现大规模快速开发。

中研部成立之后，华为公司除了C&C08交换机这一拳头产品之外，迅速发展出传输、接入网、智能平台、无线、多媒体多条产品线，每一条都结出累累硕果；而巨龙公司除了依靠邬江兴的个人能力开发出中国通信史上第一台程控交换机之后，就再也没有推出具有市场竞争力的新产品。邬江兴到华为参观完中研部后曾感慨：华为的超越，源于持续的多产品创新能力。

这就是工业化研发方式与手工作坊式研发方式之间的巨大差距。

二、“组合创新”引擎是如何工作的

华为先进的研发管理体制形成，还要归功于C&C08交换机研发过程中的艰苦探索。

在开发C&C08交换机时，当时程控交换机的技术完全掌握在国外厂家手上，华为没有任何可以拆解的程控交换机设备，华为研发人员也不懂什么是程控交换机。

什么也不懂，甚至连见都没见过，还要从零开始研发出来，难度之大可想而知。如果换成其他人，恐怕早就放弃了。但是任正非早年作为基建工程兵时，曾从技术原理出发，研发出“空气压力天平”，并填补了国内的技术空白。这段经历让他相信，只要明白技术原理，根据原理把产品设计出来完全是有可能的。

当然，任正非只能指出方向，硬骨头还要靠下面的人来啃。技术功底扎实的郑宝用带领华为年轻的研发团队，使用还原论[1]和第一性原理[2]式的思维方式，从头设计程控交换机，就像马斯克从头设计电动车特斯拉一样。

第一步，根据程控交换机的技术原理，从理论上“拆解”它的各个技术模块；

第二步，从技术上论证各个技术模块的可能实施方案；

第三步，一个模块一个模块地实验，将这些技术模块一一实现；

第四步，把这些模块像搭“积木”一样，组装成一台设备。

最后，对整个设备进行调试，排除问题，从而使其正常工作。

在程控交换机的研发过程中，郑宝用从大的总体组带七个核心技术点的小组，用还原论的方式层层进行技术分解。通过层层“将大化小”“化难为易”的方式，硬是将技术复杂的程控交换机系统，成功地拆解为数十个简单的功能模块，并将其一一实现。最开始产品很粗糙，但是在测试和使用的过程中不断优化，最终研发出能够满足用户需求的合格产品。

也正是因为这种从零开始，从头做起的研发方式，使得最终做出来的交换机各种bug以及意外状况层出不穷，华为的工作人员才经历了前文所述的如同过山车一般惊险刺激的开局历程。

但其中的重要意义是，从零开始经过艰辛的研发过程，使得华为彻底掌握了程控交换机的所有技术模块。这些实现底层基础功能的技术模块就如同乐高积木一样，它们可以作为程控交换机的组成部分，同样也可以成

---

① 还原论：是一种哲学思想，认为复杂的系统、事物、现象可以将其化解为各部分之组合来加以理解和描述。还原论方法是经典科学方法的内核。

② 第一性原理：任何系统都存在一条最本质的原理，被称作第一性原理。从第一性原理出发，通过演绎法可以推导出这个系统的所有要素。

为其他产品的组成部分。

原理上说起来当然简单，但要真正实现高效率组合创新，必须从公司的管理机制上加以保证。

郑宝用和张一鸣一样是典型的理工男，对于理工男来说，万事万物道理都是相通的，人类组织和机器也是大同小异，因此他们都是用设计产品的方式来设计组织架构。

中研部的拓扑结构①跟C&C08万门交换机的拓扑结构惊人地相似，分为统筹全局的总体部以及负责各个产品线的业务部（华为根据技术特征聚类，将产品划分为多个“家族”，具有相似技术点的同族产品称为产品线）。

总体部就如同交换机中负责总体业务调度的“主板”，负责所有产品的技术规划，所有产品所涉核心技术的研发规划、分析，还负责追踪国内外先进技术。总体部还定期进行技术梳理，可以按照资源和技术点的相似关系，将某产品从一个业务部划到另一业务部。

各个业务部相当于交换机中的各个“单板”，负责产品线的具体研发。每个业务部又有分属的总体组，负责本业务部所涉及的所有产品的版本规划工作，为各产品版本的立项和规划负责。

总体组和总体部潜心研究华为各个产品之间技术点可重复应用的关系，各个版本之间的不同以及相互配合关系，起到了为各个产品线之间、各个产品之间进行知识融合的作用，可以极大地提高研发效率、减少知识的浪费、避免不同产品开发工程师之间因知识欠交流导致的闭塞问题。

这样的组织架构其实就是将“还原论”的思维模型，映射到公司组织

① 拓扑结构是指网络中各个站点相互连接的形式。

架构的具体体现，可以高效地将复杂技术划分为一个个相对简单的技术点，也就是完成了“组合创新”至关重要的第一步：基本要素的拆解。

要素拆分完了，那么如何组装呢?

郑宝用在1995年给出的解答是：矩阵式研发管理。

熟悉项目管理的人可能对矩阵式管理并不陌生，公司内部项目经理这个职位，其实就是矩阵管理的具体体现。但要注意，这件事发生在二十多年前。那时候，绝大多数中国企业对于“矩阵式管理”这个词，恐怕听都没听说过。

华为早期研发也是传统的线性架构。一个项目经理带着几个工程师进行研发，项目经理对所有的技术和项目管理工作大包大揽。这对项目经理的技术水平、综合管理能力都要求较高，一旦项目经理在某一点上的能力不足，就会给项目的成败带来较大风险。

郑宝用在C&C08交换机研发过程中，为了降低风险，在实践中摸索出矩阵式的管理架构，中研部成立后，他将矩阵式管理扩展到全公司所有产品的研发项目上。中研部在新产品会战和重大研发项目上，也采取了综合的矩阵式运作，形成了大矩阵套小矩阵，以及叠加综合矩阵的一整套的矩阵管理和运作。

什么是大矩阵?

中研部在内部运作上，形成“M纵”和“N横”的矩阵管理。

纵向是面向市场需求形成的产品项目，按业务部划分和命名，如交换业务部、智能业务部、新业务部，管理产品、进度、市场等，为市场的成功和生产的成功负责。

横线是面向技术管理，进行核心技术的积累、演进等管理工作，以“部”或“办”来命名，如总体部、基础部、计划处、硬件部等，管研发工程师、研发资源、研发规划、研发流程，为提高研发的整体运作效率、降低研发成本、减少研发失误、提高整体研发人员的素质负责。

中研部各个部门实行类似OKR（目标与关键成果法）的目标管理制，每个部门、每个人的目标都非常明确。

什么是小矩阵？

小矩阵是指在中研部的各业务部又形成了各自的矩阵运作方式。横线的技术支撑线负责管技术，管人员，竖线的产品线管进度，管产品。

以交换机业务为例，除了与中研部相对应的部门项目管理、计划处、总体组、硬件部以外，还按照矩阵式架构管理产品和项目（版本）。其中，处于竖线的部门有A型机产品部（2000门）、B型机产品部、C型机产品部（万门机），几个产品部的产品经理要向市场部负责。横线的部门有呼叫处理、操作系统、后台软件、信令、数据库等几个交换机业务部涉及的技术支撑部门，这些技术支撑部门负责发展呼叫处理、操作系统、信令等相关技术工作，并向各个产品部输出负责的工程师和技术版本。

如果在B型机产品上应用的呼叫处理的软件上解决了某个错误，如在义乌开局中发现的“半夜鸡叫”问题，做A型机等其他产品呼叫处理的工程师也会知道该信息，这样就避免了在其他同类产品上出现相同的错误。

综合矩阵则是在更大的公司级尺度上实现矩阵式协作。例如1997年开始的“商业网攻关”项目，就是由市场部、中研部、用服、中试部等多个部门共同参与。

这种不同尺度上的管理矩阵的自相似性，也可以理解为华为管理上的分形。跨部门协作培养了华为干部的系统观，而分形式管理为华为干部的跨部门调动也提供了方便。因为管理机制大同小异，因此华为的中高层一般都会跨部门跨业务提拔，例如研发出身的搞市场，防止出现部门狭隘思维。

基于矩阵式架构，实现组合创新的过程就十分简单。

第一步：处于竖线的各业务部从市场部拿回客户对产品的需求和反馈，或者从生产部拿来对产品制造方面的改进要求等，形成新产品的定义。

第二步：从各个横向支撑部门寻求所需的关键技术点，迅速组建高效研发小组，并调用相关技术资料库。

第三步：将各个关键技术点组装成产品。

这种多重矩阵式管理从机制上将原本十分复杂困难的研发工作变得相对简单，借助于它，新员工经过短期培训后，也能迅速上手做产品研发。这套机制是华为能较快突破新产品研发、迅速赶超对手的关键奥秘。

三、“听见炮声的人做出决策”

任正非有句著名的论断，叫作让“听见炮声的人做出决策”，很多人简单地理解为让一线业务人员做决策。但是对许多企业来说，科层制管理体系不变革，根本不可能实现这样的决策机制。

任正非的论断是要建立在前述矩阵式组织架构基础上的，这种架构实现了前述“广后台、强中台、小前台”的模式。任正非说：“我们后方配备的先进设备、优质资源，应该在前线一发现目标和机会时就能及时发挥作用，提供有效的支持，而不是让拥有资源的人来指挥战争、拥兵自重。”

华为在调查客户需求时，总是由三个人组成基层团队，他们个个训练有素，相互了解，协同作战，包括客户经理、解决方案专员和交付专员，号称“铁三角”工作小组，这是矩阵纵向的前端触角，也就是“小前台”。他们在调研清楚用户需求后，可以在公司授权范围内直接向公司中后台下达命令。矩阵横向各个部门相当于后台，在纵横协作的中台机制下，研发出产品，向前台提供支援。

华为这种高效协作方式的最终形成，也从美军作战方式中获得了大量启示。

美军在阿富汗的特种部队分为多个作战小组，每个小组三个人，一名战斗专家，一名信息专家和一名火力专家，彼此互相了解，这是美军的前台。美军的中后台则由陆海空诸兵种形成的作战单位所组成。

作战小组的主要作用是侦测敌人（发现需求），假如发现敌人，战斗专家负责警戒，保护小组成员的安全；信息专家快速确定敌人的数量、位置和装备；火力专家根据信息专家的反馈配置最合适的火力，按照规定向后方下达作战命令（定义产品）。美军中后台则根据调度，派遣飞机、导弹等各种火力发动攻击（组装产品）。授权按照成本来定，例如，一次作战成本低于五千万美元时，可不经上级批准，直接向后方下作战命令。

1996年之后，华为成立公司级的战略规划办，郑宝用调任负责公司级战略，李一男接任中研部总裁，中研部进入了从1996年到1999年的“李一男时代”。李一男时代是中研部历史上最具“狼性”的时代，李一男锐意进取的进攻型风格，在巩固和发展郑宝用的既定路线的同时，带来了华为各产品线的全面开花。

不过，带来华为大发展的李一男时代，却是从李一男被任正非劈头盖脸一通“臭骂”开始的。

第十章 "狼性"竞争：华为凶狠的市场攻伐

一、军事理论指导下的商战

负责小米生态链业务的刘德认为，比起商业理论，军事理论更具有先锋性，因为前者只不过要钱，而后者要的是身家性命。用军事理论指导商业，是思想理论的降维打击。因此，小米的商业竞争策略带有很强的军事色彩，特别强调精准打击，狼群策略，首战即决战，一击必中，一战必胜。

早在二十年前，任正非就已经将毛泽东思想与军事理论用于商业实践。现在已经很少有人提“狼性华为”，但倒退二十年，通信市场提到华为，或者敬佩，或者恐惧，或者不屑，但无论持那种态度，无不赞同华为具有极强的狼性。

从1990年到1995年，相当于华为的练兵阶段，储备弹药粮草，1996年华为开启了大规模市场攻伐。那时候的任正非，心中想的估计都是“宜将剩勇追穷寇，不可沽名学霸王”，他如同杀戮决断的将军，排兵布阵决战疆场，把战线画到对手脚下，不给对手留退路。

1996年成型的《华为基本法》将华为在市场上的战略战术原则，做了精炼的总结。

在第二十二条“经营模式”项下这样写道：“我们的经营模式是，抓住机遇，靠研究开发的高投入获得产品技术和性能价格比的领先优势，通过大规模的席卷式的市场营销，在最短的时间里形成正反馈的良性循环，充分获取‘机会窗’的超额利润。不断优化成熟产品，驾驭市场上的价格竞争，扩大和巩固在战略市场上的主导地位。”

第二十三条“资源配置”项则写道：“我们坚持‘压强原则’，在成功关键因素和选定的战略生长点上，以超过主要竞争对手的强度配置资源，要么不做，要做，就极大地集中人力、物力和财力，实现重点突破。”

字里行间，仿佛流露出金戈铁马的杀气。

根据创新扩散理论（如图3所示），创新带来的是不对称的竞争优势，这种优势会随着技术的扩散逐渐被抹平。但是在抹平之前，存在一段高利润的时间窗口。

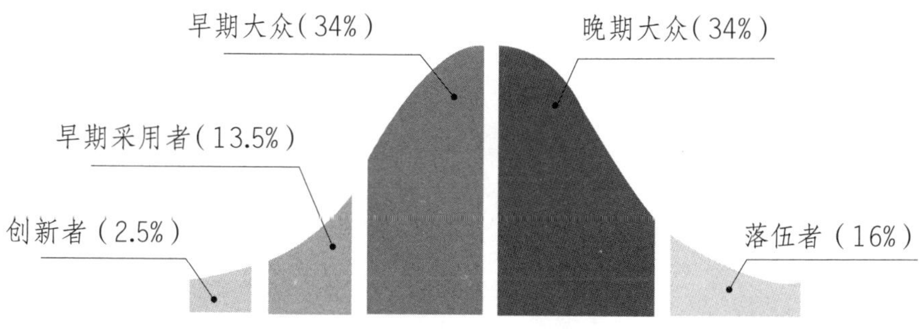

图3 创新扩散曲线图

华为的策略就是利用研发优势相对于友商率先取得技术突破，充分赚取时间窗口内的高额利润，并将利润投入研发，获得进一步的技术优势，从而获得正反馈的增长飞轮。

为了形成这样的优势，就要求研发的开口尽量小，以便在局部形成资源优势，进而成为技术优势。

这正是研发驱动型公司的主流策略，英特尔的策略与此如出一辙。但这样做的缺点是，如果这一细分领域技术走到S曲线末端的极限点，或者整体被替代技术所取代，就会遭遇巨大窘境。

比如进入移动互联网时代，英特尔公司主打的桌面X86处理器，原先关注的主流性能指标计算能力已经过剩，低功耗上升为重要属性，就遭遇被ARM处理器取代的窘境。因此在专注细分领域研发的同时，还要保持敏锐的触角，在极限点到来之前，要及时切换到新的S曲线。

二、接入网之战——华为的“淮海战役”

1996年中国电信市场上，突然出现接入网产品的机会窗口。但是一开始，华为中研部的接入网产品发展得并不好，原因是出现了价值网冲突。

当时交换机是华为最主要的利润来源，因此交换机业务部是华为中研部第一大部门，而接入网产品与交换机业务部的远端模块功能上有所重合，从而会影响交换机产品的利润。就如同鲍尔默时代的微软，处于绝对强势地位的Windows部门遏制了与其发生利益冲突的云计算部门发展一样，交换机业务部作为强势部门，也对接入网的研发起到了明显遏制作用，后者难以获得足够的研发资源，形成典型的“大哥吃小弟”效应。

老对手中兴则趁着这个机会大力发展接入网产品，在市场上的占有率大幅提升。1995年刚刚成立的新对手UT斯达康也借助接入网产品获得蓬勃发展，华为市场部的阵地接连沦陷，频频向公司总部告急。

任正非急了，把当时的中研部总裁李一男叫去狠狠地批评了一顿，给李一男醒了醒脑。被批评一顿后，李一男立即排兵布阵，准备打好接入网战役。中研部如同一台高效的研发机器，迅速调整战略目标，投入重兵到接入网业务中。

1996年年底，中研部专门成立了以多媒体业务部、交换机业务部、传输业务部、无线业务部共同参与的跨部门接入网新产品攻关项目组，以求资源共享，发挥产品和技术间的组合优势，增强核心竞争力。

各个业务部均安排核心骨干人员参加项目组，在项目组的统一安排下进行集体技术会战和技术资料的统一制作。除提供骨干人员参加外，各业务部对接入网产品的相关内容也进行了会诊，并针对接入网的版本做了新的开发。

跨部门项目组成立后，在短短三个月的时间内，就一举突破了新产品的关键技术问题，而且在如何创新地组建接入网络，发展电信新业务（如ETS无线接入、会议电视等）方面，率先提出并实现了新的业务应用。

开发效率如此之高，要归功于中研部的矩阵式组合创新引擎的巨大威力。

由于华为在接入网方面已经落后于对手，中研部在统筹规划时，就有意避开对方的优势价值网，形成“错位竞争”，最终研发出无论在功能上还是在成本上都有差异化竞争力的接入网新产品。

接下来，在接入网业务上华为上演了精彩的大逆袭。

1997年2月，在天津市蓟县（现蓟州区），华为公司HONET综合业务接入网通过技术验收，这是当时国内最先进的接入网产品的应用，不仅实现了光纤到大楼、光纤到路边和光纤到乡镇的业务接入，还为分布于不同区域的用户提供了话音、图像、数据等综合业务。

华为接入网产品不仅技术指标全面领先于竞争对手，而且价格还比竞争对手低，于是形成了碾压性的优势，短短一年之内，市场份额从落后竞争对手10%，到反超竞争对手30%，并且在此后十年，华为都牢牢锁定着国内接入网产品业绩冠军宝座。

接入网产品的巨大成功，不仅是这个产品本身的成功，而且对于华为当时主营的交换机业务也起到了显著的提升作用。

如果说，C&C08交换机相当于华为的“辽沈战役”，吹响了战略反攻的号角；接入网产品就相当于“淮海战役”，一举改变了华为与竞争对手的力量对比，华为开始进行全面反攻。

华为的C&C08交换机，虽然技术指标上并不逊色于主要的国外竞争对手，但是社会上长期以来形成的崇洋媚外的思维惯性，使得电信局采购交换机时，仍然习惯性地选择国外公司的产品，而且越是发达城市这种倾向越是明显。因此华为的C&C08交换机一直应用于县级以下及少数不发达的地市级网络，更高端的市话网络完全被国外公司把持。

特别是在上海，由于上海贝尔合资公司的存在，当地的主要机型都是上海贝尔的S1240，华为市场部和销售部在上海做了许多工作，但是一直久攻不下。

华为公司最终能实现“解放上海”，就是依靠接入网产品，在被上海贝尔防守得水泄不通的上海市场撕开了一道口子后，交换机产品才随之成功进入上海市场。

在接入网案例中我们看到，造成许多大公司止步甚至衰亡的价值网冲突，在华为这里只是略微冒头，就消失于无形。

早在苹果推出iPhone之前，诺基亚就已经研发出智能手机；胶片巨头柯达最先发明了数码相机；21世纪前十年的微软，作为全球最赚钱的公司，拥有全世界最庞大的IT研发队伍，却无法打造出任何真正获得成功的互联网产品，眼睁睁地看着谷歌做大。这些大公司的问题都是被价值网束缚住了。

三、“支部建在连上”

为什么价值网冲突在许多公司都成为难以克服的痼疾，但是华为却能够轻易突破？

答案是，华为在任正非的领导下，采用了类似中国共产党的“支部建在连上”“党指挥枪”的政委机制。而这一机制的起始，就是中研部的建立。

中研部创立者郑宝用负责中研部一线的具体业务发展和内部组织建设。任正非不做研发一线的具体指挥工作，而是中研部长期的“党代表”，不断通过思想政治工作加强对中研部的指导。

长期以来，任正非对中研部的管理主要体现在精神和文化思想的建设方面。任正非在华为公司开展的企业文化建设，主要的针对对象也是华为的中研部，任正非在华为掀起的一些企业文化“运动”，如“反幼稚大讨论”“创新与创业大讨论”等，也主要针对中研部。任正非基本每年都会针对中研部进行一次重要座谈和讲话。

反幼稚大讨论是怎么回事呢？

研发人员，特别是没有经历过市场磨炼、直接从学校里走出来的研发人员，往往会出现唯技术论，脱离市场实际需要，为了创新而创新的倾向。按照这种方式设计生产出来的板件脱离了市场需求，或者无视产品生产的便利性；或者产品需要花大力气维修，但维修成本远高于重新生产，已经没有了维修的价值；或者因一些元器件买不到，无法制成成品，导致很多板件变成了一文不值的废品。

针对这种情况，任正非发动了全体员工参加的“反幼稚”大会。在会上，任正非将所有坏的板件都堆放在主席台上，在讲了很多关于设计人员的幼稚病导致的危险后，将这些板件全部发放给了那些失误的设计人员，要求他们摆在家里的客厅里，不时看看，提醒自己，以此让员工们记住：因为研发、设计的幼稚，导致公司遭受了大笔损失。

在许多企业中，研发部门往往会居功自傲，甚至存在“挟技术以令公司”“拥兵自重”的现象。更加严重的情况是，研发系统如同唐朝割据一方的节度使，成为公司管理和企业文化的“真空地带”、自成体系的“独立王国”。

鲍尔默时代的微软，就存在研发部门“挟技术自重”的严重问题，山头林立，内斗风气盛行，甚至被《财富》杂志称为“内部政治斗争最为复杂的公司”。

但是华为的中研部不仅没有拥兵自重，反而在任正非不断加强思想建设的推动下，成为华为公司企业管理和企业文化的基地，中研部的各级领导干部思想与企业高度统一，使中研部成为向各个部门输出思想和技术都过硬的干部的摇篮。华为公司高管大都出身于中研部。

于是，华为形成了一个以研发为核心的“增长飞轮”：更强的研发管理能力带来更强的研发能力，带来更多新产品，从而获得更多利润。华为每年将利润10%～15%投入研发，又会进一步增强研发管理能力以及研发能力。研发管理能力的提升，又会培养出更多的研发管理干部，向其他部门以及各地研发中心输出人才，提升华为公司整体的管理、技术、产品能力，进一步提升华为的利润，从而获得正向增强的循环。

四、战略级价格战

任正非生活节俭，在个人生活方面从不铺张浪费，但是为了赢得客户，舍得大把砸钱，所谓“出差要住星级酒店，参展要在国际展厅，捐款要有轰动效应，市场要抢最大份额”。公司曾经提出：“不敢花钱的干部不是好干部，花不了的要扣工资”“省钱的不是好干部”等理念，鼓励员工在该花钱的时候一定要舍得花钱，对重点客户的投入不惜血本。

1996年，华为在开发上投入了1亿多元资金，年终结算后发现，开发部节约下来几千万。任正非知道后说了一句话：“不许留下，全部用完！”开发部最后只得将开发设备全部更新了一遍。

任正非在《迎接挑战，苦练内功，迎接春天的到来》一文中讲了一个故事：“这次我们在发展过程中，在上海要建一个房子，市场部是少数派，据理力争，最后把我们多数派说服了，修了一个美国AMBOY公司设计的上海研究所的基地，当然也包括市场部的办公机构和展厅。这里面有一条走廊，有22米宽，35米高，650米长，我看里面可以起降五台直升机了，可以在房子里面进行飞行表演了。市场部说五年以后要把客户吓一跳，把他们震撼住，把合同给我们。”

华为坚持自主研发，自研芯片，内部整合，完全掌握价格战的主动权。

在任正非看来，打价格战绝不是抢占市场份额这么简单，而是可以形成从战略防御到战略进攻的一系列竞争策略。

市场竞争可以分为同质化竞争和错位竞争。前者是正面进攻竞争对手的价值网，通过“更好更快更强”来击败对手。这种策略依赖极强的综合能力，对于后来者一般很少有人会用。后者是大部分企业会采用的方式，首先侦测竞争对手价值网的优势领域，在对方优势覆盖之外的区域，用己方的优势攻击对方的劣势。

错位竞争的两种常见方式分别是低端市场破坏性创新（也称颠覆式创新）和新市场破坏性创新（也称边缘创新，如图4所示），前者是从已知市场的低端大众部分寻找机会，比如小米手机就是采用这样的策略。后者是从尚未被满足的未知边缘市场寻找机会，比如苹果手机最初切入市场就是这种策略。

华为通过控制产业链的关键环节的掌握成本优势，本来就不怕同质化竞争。华为自己就是依靠错位竞争一路逆袭上来的，它当然更要提防后来者用同样的方式逆袭自己。华为的价格战策略就是围绕着这一思想部署的。

在自己占据优势的价值网中，华为采取“守势”：以守为攻，让对手针插不进，水泼不进。策略主要是：

防止边缘创新——主动发现并弥补市场缝隙；主动否定自己以提高用户满意度，阻止新竞争者进入；客户关系和服务上主动改进。

防止颠覆式创新——利用产品组合优势封杀对手的进攻机会；主动让利降价，不在价格上给对手以可乘之机。

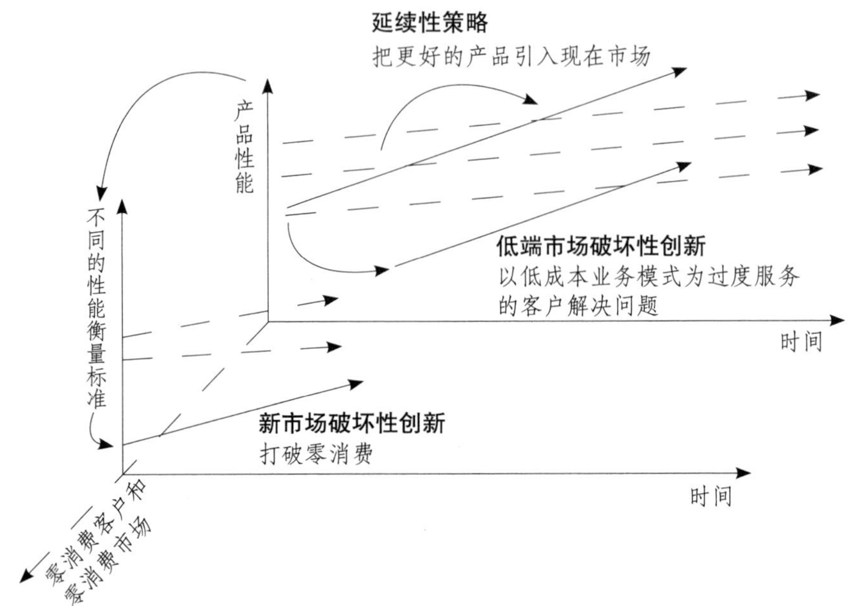

图4 低端市场破坏性创新和新市场破坏性创新示意图

在竞争对手占据优势的价值网中，华为立刻发动猛烈的进攻，千方百计发动价格战，打击对手的利润和销售目标，阻挠其市场进展，逐步挤占空间，最后取而代之。

除了华为之外，商业领域运用价格战策略封杀对手，贯彻最彻底最有成效的是亚马逊。在北美和欧洲，亚马逊几乎横扫一切对手，亚马逊进入哪个领域，大都会形成单方面碾压，甚至让对手达到“风声鹤唳”的程度。市场传闻贝索斯最近在关注哪个行业，那个行业公司的股票就会纷纷下跌。前一阵美国的医疗卫生行业就出现了这种状况。但是亚马逊的主要优势是销售环节，它的竞争策略受制于上游供应商，不像华为那样占据了供给侧的元起点。因此，比起华为来，亚马逊还是略逊一筹。

华为的竞争策略来自军事理论，有时甚至不以自身取胜为目标，而是以消耗竞争对手为目的。设置“价格陷阱”消耗对手，是华为最受非议的地方。

第十一章

3G通信之“权力的游戏”

一、美欧两强的“楚汉相争”

华为在20世纪90年代凭借着程控交换机以及接入网的组合，获得了巨大的商业成功，跃居中国电子工业百强榜首位。

这些成绩固然可喜，但也不宜过分高估。华为能够凭借这些业务迅速扩张，一方面当然是凭借着自身实力，但是更重要的原因是，国际通信巨头并未在固话战场上恋战，而是将主要资源和精力转移到新兴的第二代移动通信技术的研发和推广上。

换句话说，巨头们当时都忙着从第一曲线①（固话）跨越到第二曲线②（移动通信），第一曲线注定是要被“创造性毁灭”的，华为只是在巨头们后方空虚的形势下才获得阶段性胜利而已。

从某种程度上说，这种胜利，正是发达国家给发展中国家制造的“第一曲线陷阱”！

---

① 第一曲线：指的就是S曲线。

② 第二曲线：由于S曲线最终会衰亡，因此企业必须在原有业务衰亡前开启新的S曲线，也就是第二曲线。

类似的事例，在中国产业发展史上也是屡见不鲜。20世纪90年代，国外视频设备厂家纷纷升级到DVD，将即将落后的VCD产能输出到中国，造就了以爱多VCD为代表的中国VCD产业，然而随着DVD大潮袭来，这些VCD厂家纷纷崩溃。中国的长虹、TCL在显像管彩电产业上曾经无比辉煌，但随着国外厂家升级到平板电视，惨剧再次发生。功能手机时代，中国涌现了如波导、夏新等手机厂家，后来也都销声匿迹。

追赶、落后，再追赶、再落后，先发国家利用第二曲线跃迁的时间差，一波又一波地摧毁并收割发展中国家的相关产业。这些国家保持着发达国家地位，连普通公司员工也可以轻松地享受高工资高福利。

华为凭借交换机的成功，只是完成了原始积累。华为能不能赶上国际同行跨越第二曲线的节奏，甚至做到先人一步跨越非连续性，掌握产业发展的制高点，才是能否称得上获得胜利的关键。直到5G时代，华为才算是做到这一切。

华为发展历程中最重大的挫折，就发生在从固话向无线通信跨越的过程中。这次跨越之所以艰难，其中固然有华为自身的因素，更牵扯到通信领域复杂的利益博弈。

前文说过，无线通信的1G时代是美国一家独大，2G时代，欧洲打了一个漂亮的翻身仗，从被美国长期占据优势的通信市场夺取了大量份额。

根本原因是，欧洲克服了自身一盘散沙不团结的弊病，通过长时间的卧薪尝胆，团结一致地率先推出GSM标准并商用。

美国虽然遭遇了挫折，但是因为过去过于辉煌，仍然处于自满的情绪中。

无线通信霸主摩托罗拉，可能受到了里根政府“星球大战”计划的影响，在1990年提出了充满科幻色彩的“铱星计划”，耗费巨资布设全球卫星通信系统，希望通过这一先进的通信系统对欧洲通信技术进行“降维打击”，一劳永逸地解决争夺通信标准的问题。

说它是降维打击，是因为摩托罗拉当时为了论证铱星计划的先进性，信心满满地提出了四维空间设计概念，分别从性能维、经济维、时间维和发展维论证了其成功的必然性。

然而，这项雄心勃勃的计划最终因为过于超前，难以商业化而遭遇失败，已经发射的卫星转入低轨道自行烧毁。摩托罗拉花费数十亿美元，放了有史以来最昂贵的“烟花”，公司也因此元气大伤，留下了“技术超前太多成为先烈”的典型案例。

即使是在比较落地的民用通信标准方面，美国公司也一口气推出了三个标准相互打架。美国唯一有希望跟欧洲一争短长的CDMA标准，却又基本被高通公司一家所掌握。虽然理论上说，美国高通公司的CDMA标准能够提供比GSM更高的传输速率，但是在推广速度上不及GSM。在“规模就是王道”的通信市场，份额落后就意味着处处被动。

这一局面，也是如今高通公司依靠收取专利许可费这一盈利模式的直接原因。

欧洲的GSM通信标准之所以能够成功，是因为几个欧洲电信巨头形成联盟，联合开发，交叉授权，共同生产相应设备，共同做大产业。CDMA的主要专利却握在高通一个公司手里，高通公司只能自己生产网络设备和终端设备。这样一来，就更不会有其他厂家参与CDMA标准了，因为它们会认为高通是同业竞争对手，怕高通不会提供最新的芯片给它们。

于是在2000年，高通做出了重要的决定，将手机生产业务卖给日本京瓷公司（Kyocera），将网络设备业务卖给瑞典爱立信公司，高通专注于技术开发和授权以及半导体芯片。甚至芯片，高通也是只研发，由代工厂

（主要是台积电）生产。于是高通与其他CDMA手机厂家就不再是竞争对手，而是它们的供应商。

但是，高通保留了全部的专利，日后基于这些专利的“高通税”成为高通利润的大头，所有选择与高通合作的厂家都成了它的“猎物”。也正是因为高通玩的这一手太狠，让大家心有余悸，后来者再难仿效高通的做法，马斯克只能选择开放所有电动车专利。否则单凭特斯拉一家公司，不可能在美国建成电动车产业。产业发展不起来，特斯拉所拥有的专利也就失去了意义。

欧洲厂商如诺基亚、阿尔卡特、爱立信、西门子当然支持欧洲的GSM，高通公司则不遗余力地推广CDMA，在北美（美国、加拿大）以及日本、韩国落地商用。

这就是美欧两强划分楚河汉界，其他国家只能选边站队！

由于通信网络不仅存在显著的规模效应，还存在极其明显的路径依赖，也就是原先用什么技术标准，在升级时还会接着用后续标准，因此抢占标准的先机极为重要，一步赶不上就步步赶不上了。中日韩两边都押了注。但是日韩这两个国家人口加起来也就1.5亿，不能改变大局。中国人口超过10亿，基本上中国站哪边，哪边就相当于获得了胜利。

因此，美欧双方都把庞大的中国市场看作关键的胜负手。

二、3G生死局

20世纪90年代末，中国入关谈判到了紧要关头，中国希望融入世界市场获得发展动能，但美国则是寄希望于通过接触，在中美合作中处于经济的主导地位。把中国拉到CDMA阵营，是这一计划中的一部分。

1998年，原邮电部进行政企分家改革，同时中国联通从邮电系统中拆分出来。2000年，邮电又进一步拆分为中国移动和中国电信两家公司，分别运营移动业务和固话业务。此外还有一系列眼花缭乱的小调整，形成三大（移动、联通、电信）和四小（卫通、网通、吉通、铁通）的七雄并立局面。

这种相当奇特的拆分方式，不是把市场份额横向拆分，同等分给几个公司，而是按照业务类型纵向划分，使得每一种类型业务尽可能地保留在同一个公司，以避免同质化竞争，保存实力。

最强实力的中国移动继续运营GSM业务，后来也确实不负众望，成为承载中国通信产业发展希望的脊梁。

在艰难的夹缝中，中国不仅成功地保持了实力，还成功地把自有知识产权的TD-SCDMA标准，变成了与WCDMA、CDMA2000并列的全球3G的三大标准之一，为中国将来能够在4G和5G时代实现逆袭，保留了一丝希望的火种。

这一看似“不可能完成的任务”，到底是如何实现的呢？

其过程的精彩程度比起电影剧情，有过之而无不及。

TD-SCDMA虽然是中国自主的知识产权，其实也不是完全原创，其中一部分重要专利来自欧洲的一个老牌厂商——德国西门子。

20世纪90年代，正值3G标准形成期。西门子公司研发出了TD-CDMA技术，但是在竞争欧洲3G标准的过程中败下阵来。美国在2G时代就是因为同时搞出三个标准左右互搏，才让欧洲占了先机。欧洲人知道这个时候要顾全大局，对外用一个声音说话，因此，西门子投入巨资研发的TD-CDMA就必须被放弃。但是西门子很纠结，前期投入的成本就这样打了水漂，很心疼。

当时西门子通信事业部3G研发团队中，有一个叫作李万林的中国人，他向西门子公司提了一个建议，既然这个技术留着一文不值，不如干脆卖给中国吧，好歹能收回点儿成本。

西门子的领导层认为这个建议十分合理，于是在李万林的牵线搭桥下，西门子将TD-CDMA技术专利以低廉的价格卖给了原邮电部电信科学技术研究院（简称电信研究院）。电信研究院将来自西门子的技术以及自研的技术相结合，就成了自主知识产权的TD-SCDMA技术。由于发明专利从提交申请到专利授权，最快也要两三年，这样就节约了大量积累专利的时间。

严格来说，西门子的TD-CDMA技术完成度并不高，在空口传输相关技术方面存在严重问题，因此才输给了爱立信和诺基亚的WCDMA。但电信研究院正好在智能天线方面有相当的研发积累，能够解决空口传输的问题。

中国其实早就谋划建立属于自己的通信标准。GSM以及根据GSM发展起来的WCDMA，以及美国的CDMA2000，都是基于频分双工（FDD），欧美在这一领域积累了大量专利。中国要发展自己的通信标准，避开欧美的重重专利封锁，从原理上只剩下时分双工（TDD）可选。而TD-CDMA恰好就是TDD。

李万林这一看似简单的“建议”，对中国来说价值极高。他也因为这项贡献，入选《商务周刊》评选的“改革开放30年对中国经济最具影响的百名海归”。

1998年1月，在北京香山召开了一次对中国通信业至关重要的会议。会议的主要内容，就是讨论中国3G标准应对策略。在会议上，来自全国高校的教授和研究院所，分别介绍了各自在3G技术研究方面的成果和观点，其中包括原邮电部电信科学技术研究院和它的TD-SCDMA。

据一名参会专家事后回忆：“参加会议的有二三十人，争论得非常厉害，90%都持怀疑态度。人家怀疑是有道理的，国际标准从来都是外国人的天下，搞移动通信标准，成本非常高，难度非常大，我们国家没有这个先例，能否玩得起这个游戏？”

最后，时任邮电部科技委主任的宋直元一锤定音：“中国发展移动通信事业不能永远靠国外的技术，总得有个第一次。第一次可能不会成功，但会留下宝贵的经验。我支持他们把TD-SCDMA提到国际上去。如果真失败了，我们也看作是一次胜利，一次中国人敢于创新的尝试，也为国家做出了贡献。”

1998年6月29日，国际电信联盟（ITU）规定的提交3G标准提案截止日的前一天，中国提交了TD-SCDMA标准提案。不要小看这个提案，有了它，中国就有了在美欧争霸的局势下，进行博弈的筹码。

按照当时的形势，欧洲由于在2G的GSM上占据优势，已经使用GSM设备的运营商过渡到WCDMA，付出成本最低，因此到了3G时代，欧洲的WCDMA成为全球唯一通信标准的可能性非常大。

美国显然不能接受这一局面。

后来，经过一顿猛如虎的操作（各方的协商，中国代表的智慧和努力）之后，欧洲的WCDMA、美国的CDMA2000和中国的TD-SCDMA共同成为3G三大国际标准。在美欧争霸的过程中，中国通过“四两拨千斤”，成为3G标准的拥有者之一。

三、功败垂成的WiMax

1998年12月，由欧洲的ETSI（European Telecommunications Standards Institute，欧洲电信标准化协会）牵头，再加上美国、日本、中国、韩国和印度共七个电信标准组织（其中日本有两个）签署了《第三代合作伙伴计划（3GPP）协议》。

3GPP本质上就是各方谈判与妥协的机构。全球通信网络涉及那么多厂家、设备，而通信的特点又必须要制定统一标准（相当于说同一种语言），选用哪种技术标准，其中蕴含了巨大的利益，必须通过这样一种谈判和协调机制，才能进行下去。可以将其简单地理解为通信领域的"联合国"。

3GPP已经对美国做出了重大妥协，但是美国人仍然不满意。仅仅3GPP成立两个月后，美国电信工业协会（TIA）又联合中国、日本、韩国的电信行业协会成立了一个叫作3GPP2的组织。别看3GPP和3GPP2名字上很像，却是完全不同的两个组织。互相之间没有归属关系，也没有继承关系。3GPP2基本就是高通一家独大。

美国的IT技术发达，超级公司众多。这帮IT大佬们认为，电信圈玩的那套不够高级。于是，2001年6月，英特尔、IBM、摩托罗拉联合北电，以及北美的其他一些运营商正式提出WiMax技术。

可以简单将WiMax理解为Wi-Fi的MAX版，普通Wi-Fi一般能够传送几百米，WiMax的无线传输范围能够达到50公里，比3G基站覆盖范围还要大得多，只要少数基站建设就能实现全城覆盖。而且传输速度理论上能够达到3G技术的30倍，几乎赶上了后来的4G，因此当时也被称作3.5G。

为了给WiMax造势，英特尔大言不惭地宣称WiMax芯片将比传统3G芯片便宜10倍。这下美国政府也激动了，因为这是将欧洲彻底战胜的契机。

1999年1月1日，酝酿许久的欧盟统一货币欧元正式发行，这是继1993年欧盟诞生后欧洲一体化的重要历史事件。欧元的诞生对于美元的全球金融霸权造成了严重威胁，显露出欧盟要与美国在各方面进行分庭抗礼的野心。

欧盟能够走得这么激进，跟此前一连串举动进行得比较顺利有关，特别是2G通信时代，欧洲GSM标准取得辉煌胜利，美国并没有表现出强烈反弹，使得欧洲误判了美国维护自身霸权的决心。

在欧元诞生后仅三个月，美国和北约就挑起了科索沃战争，并制造了轰炸中国驻南斯拉夫大使馆事件，引发中国举国沸腾。战争开始前，欧元与美元比值为1∶1.07，战争结束时，欧元直线下跌30%，0.82美元兑换1欧元，雄心勃勃的欧盟劈头被泼了一盆凉水。

把欧元打贬值只是开始，美国的盘算是要把欧洲彻底收服。小布什政府借着“9·11事件”大举进军中东，其实“醉翁之意”在欧洲。欧洲的通信技术还有点儿家底，但是在信息技术领域完全无招架之力。

美国政府决定支持WiMax的时候，已经是2007年。距离提交3G标准截止时间已经过了9年，距离3G标准最终确定也过了7年。相当于奥运会比完了，奖牌都发了，突然来个选手说要加赛。

这种看似不可能完成的任务，美国却把它搞定了。于是国际电信联盟硬是召开了专题会议，把WiMax接纳为第四个3G国际电信标准。

在美国政府的大力支持下，一时间风起云涌，加拿大自不必说，日本、韩国、马来西亚、菲律宾等都部署了WiMax。WiMax把欧洲搞得很紧张。WiMax要搞成了，欧洲就太被动了，因为WiMax是基于IT技术的通信标准，欧洲完全没有够分量的IT巨头与之抗衡。诺基亚的高管当时就站出来公开批评WiMax，英特尔也被惹恼了，两边隔空吵得不亦乐乎。整个行业里的气氛变得剑拔弩张，大家为了各自的利益明争暗斗。

掀起偌大风浪的WiMax最终还是失败了，如今连个水花也没剩下。造成WiMax失败最主要的原因，还是高通这个“自己人”，关键时刻从背后捅了英特尔致命一刀。

WiMax虽然和CDMA2000都来自美国，但是两者之间毫无关系，而且背后的公司还是竞争对手。高通视北美通信市场为“禁脔”，英特尔也是“自己吃肉不让别人喝汤”的作风，原本井水不犯河水也就罢了，如今这么做是要颠覆高通整个价值网的节奏。

高通在传统通信领域有很多既得利益，三大3G标准（WCDMA、CDMA2000、TD-SCDMA）都是基于它的CDMA技术（程度不同而已），高通因此可以躺着收钱。如果传统3G技术被WiMax取代，利益受损最大的将是高通。

所以，这个世界上最希望看到WiMax倒台的，不是别人，正是高通。

当和WiMax联盟的谈判失败后，高通立即高调宣布它所有的芯片都不支持WiMax，而英特尔也因为心智模式束缚太厉害，认为未来还是电脑的天下，手机只是微不足道的小玩意，完全没有预见到智能手机的崛起，所以根本没有重点发展手机芯片。

智能手机发展起来后，让英特尔陷入窘境的，也是一家美国公司，就是大家耳熟能详的苹果公司，它对英特尔以及WiMax进行了恰到好处的“补刀”。这就是熊彼特所谓“创造性毁灭”的最生动的案例。

英特尔虽然是IT芯片霸主，但是在无线传输方面还是经验尚浅。它到现在都连基带芯片还没搞明白呢，十年前就更不必说了。于是WiMax面临无芯可用的尴尬境地。网络设施跟不上，芯片供应跟不上，产业链发展严重不足，WiMax的使用体验非常差，WiMax阵营开始瓦解了。

不仅如此，高通公司还收购了弗拉林公司的一堆OFDM专利。当时许多人都质疑高通公司的动机，因为OFDM技术是WiMax的一项关键技术，如果高通借着这些专利跟英特尔打专利诉讼，也足以让英特尔焦头烂额。

在这关键时刻，中国的态度成为压垮骆驼的最后一根稻草。

如果中国全力支持WiMax的话，以中国的市场容量，说不定还能翻盘。但是，这时的中国更从容，更自信。经过高速发展，中国GDP总量即将超过日本成为全球第二，华为和中兴也成长为举足轻重的通信设备商，IT行业也是仅次于美国。于是，中国婉拒了美国方面的要求。

当时全球刚刚爆发金融危机，美国自己也捉襟见肘，救市还来不及，哪还有多余的资金做这个？英特尔折腾了半天，功败垂成，2010年宣布放弃。

美国宣布撤了，当初摇旗呐喊的其他国家和地区傻眼了。

孤注一掷转向WiMax的加拿大北电，投资全都变成了沉没成本，再被经济危机一折腾，直接宣布破产。

中国台湾对WiMax跟得最紧，下注最大，结果也是最凄惨。

英特尔宣布退出后，中国台湾又独自在WiMax上苦撑了两年。2012年一盘账，发现六家运营商的WiMax用户加起来还没有15万，连中国大陆一个县的用户数都不如。更无奈的是监管机构已经把最好的高端频率都分给WiMax了，运营商想改道也不行，因为没有频率可以用。想让监管机构收回WiMax频段，重新分配给TD-LTE，但是效率极为低下，又得折腾好久。

台湾通信行业因此彻底大伤元气。不仅损失了500亿美元的投资，还毁掉了产业，浪费了时间，到现在都没缓过劲来。

一连串国际国内博弈让人眼花缭乱，无数企业因为误判形势折戟沉沙，华为当年也被闪了腰。

任正非从长期战略的角度思考问题，他认为在美国综合实力一家独大的情况下，对自己最有利的局面，肯定是要效仿三国时的刘备，“联吴（欧洲）抗曹（美国）”，这也是他1994年断言“三分天下华为有其一”的根源。因此，任正非坚决地押宝欧洲的GSM，无线部门的主要研发资源都投入GSM中，只派了十几个人跟踪CDMA的技术趋势。

但是，博弈的复杂程度，还是远远超出了任正非事先的估计。华为由于一连串决策失误，走到了三十年发展史上最危险的边缘。

第十二章 华为的冬天

一、险些被卖身的华为

“曾经有一份真诚的并购合约摆在我的面前，但是我没有珍惜。等到失去的时候才后悔莫及，尘世间最痛苦的事莫过于此。如果上天可以给我一个机会再来一次的话，我会说三个字‘我买了’。如果非要规定收购的份额，我希望是100%！”

曾经在21世纪初当过摩托罗拉董事的任何一人，在此后的十几年间，恐怕时常会在脑子里浮现上面这段话。

这份并购合约出现在2003年，并购对象就是中国的华为。

当时华为和美国电信公司摩托罗拉达成协议，后者将以75亿美元收购华为。摩托罗拉首席运营官迈克·扎菲罗夫斯基（Mike Zafirovski）和华为创始人任正非在海南会面后敲定了这笔交易，后续的尽职调查也进行得非常顺利。

但是这份收购最终被摩托罗拉董事会拒绝了，理由是董事会认为，收购华为这样一个不知名的外国公司，价格太贵了，而且其中大部分要以现金支付（因为华为不是上市公司，而且全员持股），实在是不值。

如果摩托罗拉董事会当初同意了这桩收购，那么华为可能就不复存在了，中国在5G大潮到来时也不会占据如今的主动地位，美国更不会忌惮中国，世界形势都会与现在大不相同。

华为在20世纪90年代发展得这么顺利，任正非为什么在2003年动起了要把华为卖掉的念头呢？

任正非在2001年写下了著名文章《华为的冬天》，大谈华为的危机与失败。很多人看到华为2000年销售额达220亿元，利润29亿元，位居全国电子企业百强首位，认为任正非这是在居安思危。

然而，他们的想法都错了。

华为当时确实出现了严重问题，只不过尚未在财务指标上显示出来而已。

财务通常是危机出现时的滞后指标。如图5所示，当公司发展到极限点（失速点）时，组织危机、技术危机、市场危机会依次出现，由于过去的业务依然有一定惯性，此时从财务上看可能依然成绩亮眼，但是败局已经出现。如果等财务危机出现后再去挽救，就已经回天乏术。

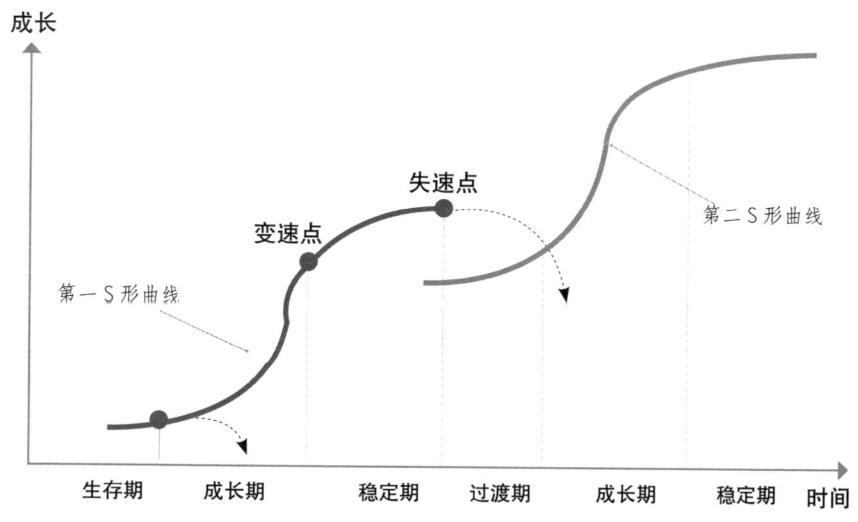

图5　企业成长曲线示意图

华为当时的主营业务（第一曲线）是固话交换机，随着无线通信的成熟，国外巨头纷纷转移阵地，投向增长空间更加巨大的新兴业务（第二曲线）。然而，华为在从第一曲线向第二曲线转换的过程中，却遭遇了全面的溃败。

二、接二连三的决策失误

造成华为难以实现非连续跨越的关键原因，是组织心智出现了巨大的问题，使得华为出现了一而再、再而三的决策失误。

首先，是终端业务的决策失误。

在人们印象中华为一直都是做网络侧设备的，终端业务（用户侧设备，手机就是终端的一种）只是最近几年才做起来，其实这里面就有任正非决策失误的影响。

华为介入终端业务很早，早在1994年C&C08交换机刚被研发出来不久，华为就立项了终端项目，1996年还成立了终端事业部，很快开发出了各种各样的电话机，有无绳的子母机，有带录音功能的电话机，桌面的电话机，还有挂在洗手间的壁挂式电话机等。

华为早年是做交换机起家的，最成功的产品也是交换机，交换机是面向企业客户的生意，采购方都是大客户，一台交换机要卖几百万、上千万，产品拼的是功能、质量，销售依靠的是默默无闻地搞好客户关系，做好客户服务、市场营销。因此华为的研发和销售团队的能力配置、心智模式，都是围绕着面向企业客户业务，已经形成默认的组织心智。

终端业务则是面向个人客户业务，面向个人客户业务的销售需要在用户心目中树立起品牌形象，靠的是企业动辄上千万的广告宣传，明星效应，能力模型与面向企业客户业务完全不同。这方面华为的认知几乎为零，完全没有任何市场经验和客户积累。

如果不具备品牌效应，那就基本依靠价格低取胜。在终端市场上，华为电话机面对的是众多运作成本低廉的小作坊的竞争。这些小作坊经营相当灵活，可以采用各种手段将成本降至最低，这些都是华为无法做到的。

如果当时华为要扭转这种状况，就应当运用“独立小团队”这一思维模型，也就是像后来由余承东独立组建终端事业部那样，用一批新人，采取独立的决策机制、人事机制和财务体系，独立进行运作，以免受到无处不在的“面向企业客户业务”组织心智的影响。

但当时的任正非错误地将终端业务的失败归因为华为不适合做终端，甚至“一朝被蛇咬十年怕井绳”。他曾经说过：“华为以后再也不搞终端了。”

1997年，国家为了发展自主知识产权的手机终端项目，原信息产业部主动邀请华为做手机终端的自主研发和生产，给华为公司发GSM、CDMA手机的生产、研发、销售牌照。结果原信息产业部的提议，却被任正非坚决地拒绝了。

缺乏终端业务，对于华为网络侧业务的进一步发展，造成了严重掣肘。

华为公司不做手机，导致在刚开始推广WCDMA的3G系统设备产品时，网络侧设备做出来了，却在市场上买不到3G手机进行测试。研发人员只好在实验室用一台计算机模拟3G手机上的各项功能应用，跑各种协议，与3G

的基站网络设备对测协议和功能。

当时的无线业务部负责人余承东深切感到，华为有研发3G手机的必要，但是立项手机项目的报告，经不同的负责人连续四年轮番打上去，均一一被任正非打了回来。

任正非固执地认为华为自己不适合搞手机，但是华为又需要3G手机产品，于是开始寻求通过对外合作的方式获得终端技术。2000年6月，NEC、松下与华为公司三家在上海成立合资公司宇梦通信，华为希望通过“市场换技术”的方式，从日本厂商那里换到终端技术。

但是日本公司不愿将核心技术注入，“宇梦”既无研发又无生产销售，只在3G业务的演示上起到象征意义。进行了两年的运作，华为希望通过合资方式获得终端技术的计划最终流产，前期的投资也打了水漂。

此时，被华为放弃的国内终端市场，却迎来了一片繁荣。一大批国内厂商通过OEM等方式，赶上了中国手机市场井喷的历史性机遇。2002年，TCL的GSM手机年销售额达100亿元，利润达15亿元，而整个TCL集团当年的利润也只有18亿元，手机业务贡献了TCL集团利润的80%以上。康佳、波导等手机项目当年也取得了几十亿元的销售业绩。

为了扭转颓势，任正非亲自邀请有“手机狂人”之称的TCL手机业务负责人万明坚，到华为谈手机项目上的合作。但是，年轻气傲的万明坚根本没有把华为公司放在眼里，留下了一句“TCL的惠州科技园要比华为坂田基地再大一圈”后，打道回府。

由于任正非的固执，导致终端业务裹足不前还不是最致命的，最致命的是由于任正非的决策失误，导致华为接连错失CDMA业务和小灵通业务两个巨大的市场。

任正非从既定的“联吴（欧洲）抗曹（美国）”长期战略出发，将主要研发力量投入欧洲的GSM。

做出上述判断的前提，是任正非做梦也没有想到邮电会一分为三。当拆分已成定局，他还是认为电信和联通即使要做无线业务，也会选择GSM。但实际结果是，中国电信选择了小灵通业务，中国联通则选择了CDMA。

为了保证中国移动的实力，中国电信根本没有拿到移动牌照，只能做固网业务。

当时形势已经很明显，固网没有多少增长空间，固守固话业务只能是死路一条，移动通信才是未来发展方向，电信领导层不愿意坐以待毙，于是看上了小灵通业务。小灵通技术来自日本，又被称为无线市话技术（PHS），本质上是一种可移动的市话终端，与真正的无线通信技术存在原理上的差异。

任正非看不起小灵通技术，认为只是一种即将被淘汰的落后技术，再加上华为早年因为低估数字交换技术的发展，研发了一款模拟交换机作为过渡，结果研发出来就被市场抛弃，公司为此承担了巨大的压力。殷鉴在前，公司上下都认为，重金投入一项注定被淘汰的技术是没意义的。基于上述原因，任正非坚决不同意研发小灵通。

中兴和UT斯达康都抓住了小灵通的机会，获得快速发展，小灵通获得的利润已占公司整体利润的50%左右。同时，中兴还跟进了CDMA技术，随着联通公司CDMA业务的发展也狠狠地赚了一笔。

世纪之交中国通信行业的三大风口：终端、小灵通和CDMA，华为作为中国通信设备行业的一哥，居然一个机会都没抓住。更要命的是，华为志在必得的GSM业务居然也丢了。

欧美厂商传统的运营风格是他们的产品质量虽然不错，但是价格高得吓死人。华为之所以能起家，就是在于欧美厂商的高定价，实质上给华为等国内厂商在低端市场留下了足够的生存空间，让华为在交换机市场有低端颠覆的机会。

但是出乎华为意料，欧洲厂商的GSM设备的价格纷纷快速跳水。1998年，华为曾乐观地预计，1999年GSM产品每线1200元，2000年达到1000元，2002年达到850元，华为的GSM产品有足够的盈利空间。但实际上，1999年国外公司就主动降价到950元，2001年进一步降价到850元。

欧洲厂家为何一反过去开高价的传统，打起价格战呢？

这里面有两方面原因：首先还是美欧争霸。双方都在竭尽全力抢占市场份额。欧洲厂家提防的不是华为这样的中国公司，而是为了遏制美国的CDMA通信标准。因此，他们在中国通过低价策略进一步扩大GSM的市场份额，以封杀CMDA份额的扩张。

另一方面，2000年后爆发了经济危机，各厂也需要扩大销量以自救。爱立信、诺基亚既有GSM手机终端又有GSM网络产品，因此欧洲厂商步调一致，采用用手机终端的利润来弥补网络设备成本的竞争策略，堤内损失堤外补，以扩大市场份额优先。

华为苦于没有终端产品，无法采用类似的策略，而且华为当时在GSM上的技术积累如何能比得上已经有二十年技术积累的欧洲公司？这种逼近成本价的惨烈价格战，使华为公司在GSM上毫无价格优势可言。

华为在GSM业务上陷入窘境，运营商中国移动也不可能因为华为是中国企业而施以援手。

中国既要跟美国合作，也要跟欧洲合作。当时中国的产业政策对于国产品牌的认定十分宽松，只要是在中国设有合资厂，统统算作国有品牌。爱立信、诺基亚都在中国设厂，因此都算作国产品牌。而且中国移动背负着“联吴（欧洲）抗曹（美）”的重大使命，需要抢在联通和电信之前，尽快扩大GSM的市场份额。既然华为的GSM产品没有价格优势，中国移动也没有任何理由采购华为的产品。

到2003年，华为的GSM系统除了在一些边际网、农村等偏远地区略有应用外，未能进入中国的主流GSM市场。再加上在3G上的投入，华为的无线产品线经历了长达十年的亏损，金额达到数亿元。

华为的无线业务耗费巨大，处境艰难，如果放到以商业利润为导向的其他公司早就被一刀砍了。但是任正非仍然用交换机业务上挣到的钱，坚持在GSM以及WCDMA业务上持续投入，后来又加上在TD-SCDMA业务上烧钱，终于在十年之后结出硕果。

三、被迫开启的“长征”

全球通信企业都在向无线方向转移，华为却在向无线转移的过程中遭遇重大挫折，最挣钱的仍然是交换机业务，这样下去显然是不可持续的。不得已，华为进行了艰苦的“长征”——为了生存进行战略转移。

一方面，开拓新兴市场，转战第三世界国家，到国际巨头忽略的低价值市场去艰苦耕耘无线市场。

另一方面，互联网大潮正在蓬勃兴起，以路由器为代表的互联网数据通信市场方兴未艾。华为开始大举进军数据通信方向。

这两项战略转移，尽管都带有一定程度的被动意味，但是全部具有深远的战略意义。

前者使得华为广泛布局海外市场，在欧美巨头尚未关注的时间窗口内，在非洲、亚洲甚至欧洲抢占了大量移动通信市场份额，不仅支持着华为无线业务逐渐成熟，而且实现了全球范围的“农村包围城市”，如今已经成为华为全球战略的重要基础支撑。

后者意味着，华为作为一个通信技术企业，开始大举发展信息技术，为今天的华为成为全球业务门类最全面的ICT企业，打下了坚实的基础。华为在数据通信领域的迅猛扩张，很快引起了全球数据通信巨头思科的关注，为将来华为与思科的知识产权“世纪碰撞”埋下伏笔。

UT斯达康和中兴尽管在小灵通和CDMA业务上赚得盆满钵满，但是长期来看，都陷入了价值网窘境之中。小灵通业务毕竟只是一项过渡技术，长期发展潜力有限，几年之后随着运营商纷纷抛弃小灵通，UT斯达康面临巨大窘境。高峰时曾风光无限，但是后来长期默默无闻，几乎被市场所遗忘。

中兴同时押宝小灵通和CDMA，选择比UT斯达康宽一些，但是却长期被高通公司利益绑架。中兴后来也效仿华为进军海外市场，但是中兴主要依赖CDMA技术，终端是要被收“高通税”的，而GSM终端因为联发科的崛起，价格低廉，在国内横扫中小城市，在第三世界国家更是叱咤风云。因此尽管中兴公司也很优秀，但是在海外市场却始终竞争不过华为。华为与中兴之间决定性地拉开差距，就是在这一时期。

四、任正非的权威性

不可否认，任正非是一流的战略家，从长期来看，他的“联吴抗曹”的大方向是没错的。但是长期战略正确不等于短期战术一定正确，战场上也往往需要进行曲线迂回，公司毕竟首先要生存下来，才能谈长期发展。

任正非过于执着于长期战略，导致华为在短期目标上出现重大失误，代表着产业未来发展方向的无线业务进退失据，让整个公司陷入危险境地，显然不是他的本意。归根结底，是华为的决策机制出了问题。

从华为公司成立起，任正非就带着年轻的队伍，在商场上身经百战，连战连捷。

在研发及市场部门，华为建立了“党指挥枪”的机制，保证重要部门不会自行其是，拥兵自重。在更高的决策层级，华为公司出现了“政教合一”的危险倾向。

“政”，是指任正非拥有华为公司的最高决策权，可以力排众议，独自决策；“教”，是指任正非早已成为华为的“精神教父”，成为全体华为人的精神偶像。

这种“政教合一”的企业家管理模式，在创业期能把全公司的人才和心智凝聚在一起，朝一个方向使力，快速决策，高效执行。

当华为公司已经发展到一定规模，全公司已有几百个、上千个项目在运作时，公司面临的状况越来越复杂，决策权再集中于一人身上，就显然不合适了。任正非毕竟是人不是神，会不可避免地出现失误，而且出现了也无法及时改正。

华为人对任正非早已形成了类似“两个凡是”的盲从心态，任正非说的一定对，如果觉得不对，请检讨你自己。那段时间，华为的中高层已形成事事上报的习惯，一直报到任正非处，老板发话了，再开始快速执行。老板不吭声，谁都不敢动，事情宁可先放着，也不能主动犯错。

五、狼性文化的反噬

除了决策机制造成的严重问题，华为凶狠的狼性文化，也使它遭到反噬。

首先是来自竞争对手的反噬。

中国通信发展史上，中兴是常常与华为被一并提起的双子星座。一个寓意“中华复兴”，另一个则寓意“中华有为”，寄托了相同的使命愿景。两个创始人侯为贵和任正非，都是来自军队系统，又在同一个城市创业，早年曾彼此惺惺相惜，曾经多次聚在一起，讨论民族通信事业崛起的道路。但是随着双方发展壮大，竞争日趋激烈。

中兴的创立比华为还要早两年。1982大裁军，造成了任正非复员转业，也导致军工厂订单大量减少，不得不自谋生路。1985年，航天691厂技术科长侯为贵被工厂派到深圳成立了深圳市中兴半导体有限公司，这就是中兴通讯的前身。说是半导体公司，但实际上当时做的是电子表、电子琴的加工业务，一年就赚了35万元。第二年，侯为贵用做贸易挣来的钱成立研发小组，专攻交换机领域，3年研发出程控交换机。

1993年，侯为贵等技术元老自筹资金，与691厂、深圳广宇共同组建中兴通讯，在国内开创了“国有控股，授权经营”的全新模式。

1996年，中兴、华为都走上了发展快车道。但是由于双方的产品高度重合，成为最直接的竞争对手。任正非用军事理论指导市场竞争，侯为贵同样出身于军队系统，华为所用的方法，中兴同样用得纯熟，双方是你来我往，针尖麦芒，斗得不亦乐乎。

战火从争夺客户的竞争开始爆发，一直延烧到研发领域，甚至还出现了间谍战和情报战。这两位创始人还真是把军事理论都应用到商战上了，把商战玩出了“无间道”的感觉。2000年前后，华为与中兴的竞争到了白热化阶段，简直要达到贴身肉搏、刺刀见红的程度。

后来又发生了一些事情，任正非不得不开始深入反思华为狼性的进攻策略。商业竞争毕竟不是你死我活的战场，是否需要步步紧逼，最终导致双方两败俱伤?

狼性文化的反噬，还表现在内部人士的背叛上。

狼性文化，往好的方面解释，是带有进取心、竞争力强的意思，但是也带有为了达到目的不择手段的意思。长期在这种文化的熏陶下，使得一部分华为人表现出急功近利、争强好胜的不良倾向。其中最著名的典型，就是曾被称作“华为太子”的李一男。

2000年，李一男刚满三十岁。已经是华为副总裁的他，出人意料地向任正非提出要内部创业。在李一男创业的同时，还有一批华为老员工也纷纷内部或外部创业，总数大概有300人。

任正非当时已经感受到华为面临的危机，因此他大力支持元老内部创业，可以把华为的分销、培训、内容开发、终端设备等非核心的外围业务，外包给华为创业元老，团结一大群志同道合的合作者，这样，华为自身可以把全部精力集中在核心竞争力的提升上，以应对将来可能出现的危机。这些元老在华为的股权兑换成现金，成为创业启动资金。

任正非亲自带着华为高管，在深圳著名的五洲宾馆为李一男举办隆重的欢送会，期望他成为华为内部创业的典范。

想法很美好，但是随着事态的发展，这些创业者很快就偏离了任正非的预期。

李一男北上创立的港湾公司，初始业务是代理华为的路由器及数据通信产品，建立华为数据通信产品的培训基地，同时集成一些与华为产品没有冲突的其他产品。

然而，没过多久，港湾公司开始走上与华为早期雷同的道路，从代理商起家，然后自主研发数据通信产品，与华为的产品展开直接竞争。

李一男被称作“技术天才”，显然不满足于只做一个销售公司，而不涉足研发。在他看来，只要掌握了足够的客户资源，自主研发提供相应的产品并不是难事，既然如此，干吗不自己干？

当时，美国互联网股市泡沫破裂，许多来自美国的风险投资基金无处可去，纷纷来中国寻找机会，其中一部分就找上港湾网络，支持李一男开发数据通信产品。

一旦开了头，李一男就收不住手了。为了达到目的，可以用任何方法。

为了增强研发力量，李一男鼓动仍然在华为研发的老部下、老同事带着华为的技术秘密跳槽港湾。华为当时自身发展遇到了困难，员工面对高额薪酬的诱惑，纷纷选择跳槽。一时间，华为人心浮动，技术骨干纷纷离开跳到港湾网络，甚至还以带走华为研发成果为荣。

有些员工甚至里应外合，成为掏空华为的“内鬼”。

他们跟港湾签好秘密协议，但是人仍然留在华为，并继续从事研发工作。如果研发出预期的成果，则带着成果高薪跳槽到港湾；如果没有研发出什么东西，则继续留在华为。吃着碗里的看着锅里的，里外不吃亏！

其中有些人甚至根本没有提辞职申请，直接“被创业”。比如一位管理人员还在华为工作，有一天李一男找到他并跟他说，去港湾上班吧，手续已经给你办好了！然后他就成了港湾的高管。

面对港湾网络的竞争和挖角，一开始华为还基本隐忍。毕竟当年情同父子，任正非对于李一男还是抱有感情的。2003年年底，港湾收购了华为光传输元老黄耀旭创立的钧天科技，彻底激怒了任正非。

当时，华为最大的利润来源是两个，程控交换机与光传输，移动还只是个拼命烧钱的行当，数据通信也只是华为的一个新兴业务，体量并不大，虽然受到港湾的竞争，并不伤及根本。

港湾如果选择继续深耕数据通信，华为估计就忍了，甚至可能会退出这一市场将其让给港湾。但是港湾选择进入运营商的光传输市场，是动了华为安身立命的根本。

任正非一旦决定动手，就会立刻使出雷霆万钧的手段，务求一击必杀。华为成立了“打港办”，不惜代价要从各个领域封杀港湾网络。

首先，抛弃了花费巨资从IBM引进的产品集成研发流程，港湾有什么新产品就直接做什么新产品。

其次，港湾产品在哪里卖，华为直接去低价抢单，甚至免费赠送。之所以这么凶猛，是因为华为内部有规定，华为销售一旦遇到港湾，就必须赢下单子，否则就会被华为扫地出门。

在人力资源上，积极从港湾挖人，港湾员工跳槽到华为的，都待遇优厚。

面对华为的围堵，港湾谋求突围，先后尝试了很多办法，比如上市、被第三方收购，但均被华为用各种手段终止。

任正非的目的只有一个，以儆效尤。

2005年，传言西门子欲以1.1亿美元的价格收购港湾科技时，华为向港湾发出措辞严厉的律师函，并用存在“技术专利纠纷”等消息阻止收购案的达成。西门子又提出，收购港湾面向电信运营商的宽带高端产品线方案，华为又出1000万元挖走港湾深圳研究所的语音研发小组，西门子的收购也随之流产。李一男还不得不南下安抚员工，以免更多的人被华为挖走。

2006年，走投无路的港湾终被华为收购。很多从华为离职的港湾员工重新加入了华为，但是待遇远不如之前被华为挖过去的港湾人。他们问：为什么同工不同酬？

华为HR的回复成为经典：你们是被“俘虏”的，他们是“投诚”的，怎么能比！

华为与港湾6年的恩怨纠葛，终以港湾网络被收购落幕。对于华为来说这相当于一场内战，任正非称之为“惨胜如败”。

六、世界观的危机

华为与港湾的这场内耗，表面上看是华为狼性文化引发的反噬，实际上是任正非的认知出了问题。

由于通信产业链的结构性特点，从华为裂变出来的这些创业公司，变成一个个“小华为”，走上与华为类似的发展道路，与华为展开竞争，是大概率事件。

为什么会发生这样的事情呢？

当时的通信行业处于高速发展当中，利润率很高，而且大部分利益被拥有研发能力的公司纳入囊中。根据产业链的微笑曲线（如图6所示），产业链可以简单地分为研发设计、生产制造、市场营销三块，上游的研发端掌握核心技术，具有绝对的话语权，因此可以拿走大部分利润；下游的营销环节面向市场，企业品牌占据了用户的心智，具有巨大的溢价能力，也可以分走可观利润；中间的生产制造早已标准化，而且制造能力已经供过于求，缺乏议价空间，只能拿一点辛苦钱。

微笑曲线隐含了一个假设：产业链的各个环节研发、生产、市场营销是可以彼此独立，相互分开，因此企业应当尽可能地向两边走，掌握研发设计和品牌，将制造环节外包出去，从而实现利润最大化。这一推论导致了发达国家的生产部门大规模向亚洲转移，跨国公司数量急剧增长，美国出现长达三十年的经济高速增长。

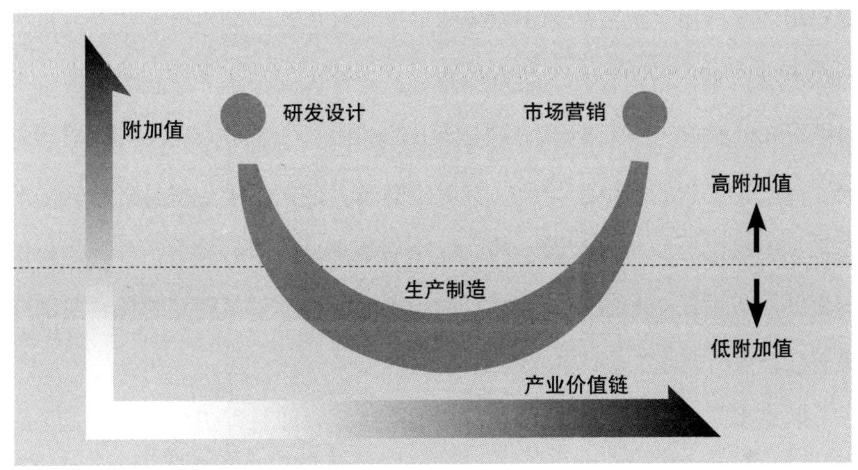

图6　产业微笑曲线

但是，微笑曲线只是对短期相对静态的情况进行归纳得到的结论，如果观察长期动态的产业发展，产业链各个环节都不是截然分开的。无论是从制造还是从营销起步，发展到整个产业链的例子比比皆是。包括华为自身也是从一家销售公司转变而成的全产业链公司。

而且通信行业有其特殊性。客户都是企业端大客户，数量少而集中，只要踏踏实实做好客户关系维护就好，很容易被模仿，难以具备不对称的优势。而研发端进入门槛比较高，但是对于已经入门的参与者来说，通信底层原理并不复杂，一通百通。对于技术含量显著高于竞争对手的通信产品，根本不需要做太多市场工作，自然就会财源滚滚。

由于对世界的认知出了偏差，任正非的决策不仅达不到预期，甚至事与愿违。

什么情况下会形成竞争，什么情况下才能形成互补共生的生态，任正非对此并没有清晰的认识，就贸然鼓励员工创业，结果险些酿成一场大祸！

所有这一切，都促使任正非深刻反思，反思自己的思考方式，反思华为的决策机制、组织文化、机制流程，甚至深入到任正非自己的方法论、价值观和世界观。

回顾任正非的前半生，他一直历经磨难，连创立华为也是经受打击的结果。但这次考验与过往都不同。以往都是来自外部的打击，外部的打击再大，对于像任正非这样拥有坚定内心的人来说，只不过是磨炼自身的考验而已，他终究能克服，甚至会变得更强大。

但是当一个人开始怀疑自身，怀疑自身的判断是否正确，怀疑自己的三观是否可靠的时候，那是最可怕的，那种感觉就好像脚下的每一块砖石都在塌陷，整个世界都在崩塌，极端情况甚至会让人走向自我毁灭。

如果自我怀疑自我否定的问题无法解决，不仅任正非会垮掉，连华为这个企业可能也会分崩离析。

2001—2003年，华为营收出现了历史上的负增长，业务一再失败、李一男等高管离职，任正非自己也生了病。

一连串事业和个人的打击，让任正非心力交瘁，彷徨无助，甚至因此患上了严重的抑郁症，长达半年时间里夜夜睡不着觉。他深刻地怀疑自己，对一切心灰意冷，甚至想过卖公司……

这是任正非一生中的至暗时刻！

然而，任正非最终还是从艰难中挺过来了。

在痛苦的思想炼狱之火的淬炼下，任正非经历了世界观层面的破立，建立了新的管理哲学。他整个人也如同凤凰涅槃一般，从灰烬中获得新生，焕发出新的动能和斗志。在任正非新的管理哲学的引领下，华为公司焕发出强大的生命力，业绩也获得高速发展，直到成为我们今天看到的5G时代的领航者。

任正非的世界观到底是如何重塑的？他的新管理哲学又是什么呢？

第十三章 任正非世界观的破与立

一、牛顿的机械世界观主导的世界

任正非的中青年时期在军队度过，因此他的思想打上了很深的军事理论烙印。华为的早期阶段，在军事理论的指引下，成功地突出重围，并获得了长达十年的高速发展。

这些指导思想既带来了华为早期的成功，也造成了华为在2000年前后遭遇巨大的困难，背后的原因究竟是什么呢？

任正非早期对军事理论的运用，主要还是基于传统的自上而下的军事指挥体系。这种方式动员效率高，执行力强，对于具有明确目标的任务，能够高效地完成。但问题是，如何才能确保目标是正确的呢？需要高度依赖最高指挥员的素质和信息获取能力。

在商业环境日趋复杂、竞争越来越激烈的形势下，这种要求日益成为一种奢望。

究其本质，按照这种方式设置的企业架构，是基于控制论的被组织系统。企业被看作一个精密的机器，管理者站在上帝视角，冷静地观察全局，精确地向各个部门发出控制命令，使其按照命令完成任务，达到预定目标。工业时代的工厂、企业乃至其他各种人类组织，大都是按照这种方式组织和运作的。

控制论的底层思想，根植于牛顿的机械世界观。

牛顿的贡献之一，是构建了一整套世界观，使得人们对于世界的思考方式发生了翻天覆地的变化，并影响到社会的方方面面。

我们常说，人要有人生观、价值观和世界观，简称“三观”，人生观和价值观归根结底是建立在世界观的基础之上的，因为你只有知道世界本质是什么，才能进行价值判断，才知道应当追求怎样的人生目标。世界观和价值观，又共同决定了人们做事情的方法论。

牛顿世界观体系就是一个包含了世界观、价值观和方法论的宏大系统，主要包括：

还原论

认为复杂的系统、事物、现象，可以将其拆解为各部分之组合来加以理解和描述，系统整体的特征可以从组成系统的组分的特征中找到。前文提到，华为C&C08交换机的研发过程，以及华为中研部的组织架构，都是依据还原论的思想设计的。

机械论

把世界万物的运动都理解为或归结为机械运动，宇宙提供了绝对均匀的时空，是机械运动的舞台和背景。人作为理性的旁观者，对机械运动加以研究。霍布斯在《利维坦》一书的序言中把人的心脏比作钟表上的发条，把神经和关节比作其中的油丝和齿轮。

决定论

这一观点由牛顿的崇拜者拉普拉斯所提出。他认为世界的一切运动都是由确定的规律决定的；知道了原因以后就一定能知道结果。在这种思想下，世界就像一部钟，人们可以精确地预知未来的一切。

爱因斯坦的相对论虽然打破了牛顿力学的边界，将后者变成宏观低速运动的一种近似，但爱因斯坦本人仍然是决定论的拥护者。他在给波尔的一封信中写道："你信仰投骰子的上帝，我却信仰完备的定律和秩序。"任正非之所以坚持认为华为不适合生产终端，坚持华为必须聚焦GSM，对CDMA、小灵通视而不见，都体现出决定论思想的影响。

机械论和决定论共同成为控制论的基础。任正非早期管理华为的方式，就是建立在控制论的基础上的。

静态均衡

在牛顿力学中，物体保持静止或匀速直线运动的前提，是它受到的各种力的合力为零，这就是静态均衡的源头。后来这种思想扩展到热力学研究中，认为一个热力学系统保持平衡，一定是处于静态均衡状态。

文科受到理科千丝万缕的影响，甚至可以说，文科归根结底是建立在物理学思维之上的。当今主流的经济学、管理学、政治学等许多人文学科，仍然受到牛顿机械论世界观的巨大影响。

亚当·斯密在《国富论》中写道：就像按照一定规律运行的天体一样，经济学也有其规律。如果按照经济规律行事，经济就将得到发展。

但是，每个人自行其是，为什么会导致整个社会的经济运行和谐有序呢？牛顿的学说中无法给出解释。因此，亚当·斯密将其归结为每个人在追求自身利益的行为背后，会受到“看不见的手”的引导。这就是将无法解释的东西归结为一个“黑盒子”，你可以把这个黑盒子叫作“上帝”“看不见的手”或者其他你喜欢的称呼。

经济学既然自称为“科学”，自然不能一直允许如此巨大的“黑盒子”存在。后来的经济学家进一步把“看不见的手”解释为用价格机制传导供需信息，最终实现经济系统的平衡。学过经济学的人都知道所谓的供求曲线（如图7所示）。由于边际效益递减，供求双方最终会达成一个均衡价格，整个经济系统的效益达到最优。

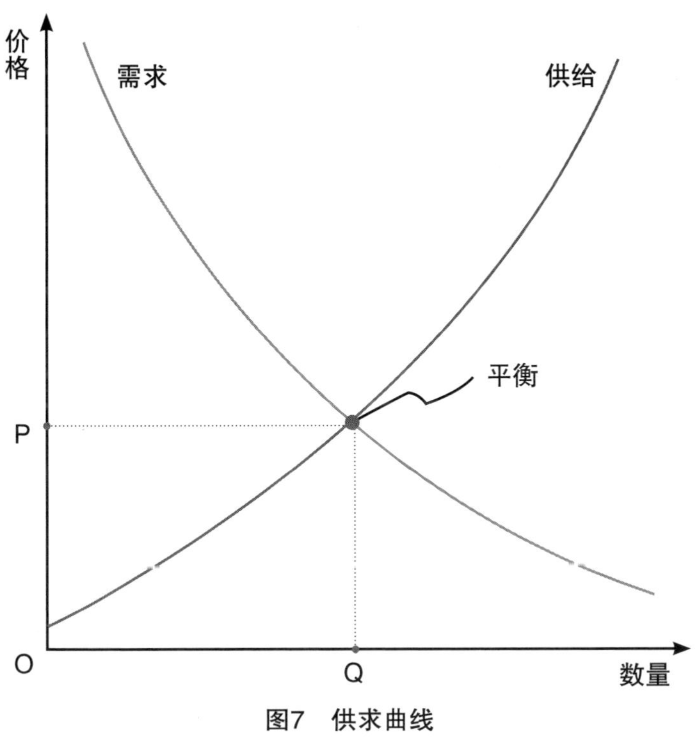

图7　供求曲线

这套研究范式，完全来自经典热力学对于热平衡状态的研究方法。经典热力学中的“理想气体”，就是一大堆自由运动的牛顿粒子的集合。如果将供给方看作高温单元，需求方看作低温单元，商品交换就类似于热交换，均衡价格就相当于热平衡时的系统温度。

说到这里你可能并没什么感觉。众多经济学家也不会发现有什么异常，因为主流经济学一直是这么说的。但是一个受过物理学训练的人，如果又能够深入理解经济学的话，就能够从中发现问题。

在物理学的范式下，一个热力学系统达到了热平衡，也就意味着该系统的熵达到最大。

熵的概念来自热力学第二定律，从宏观上它代表不能做功的能量，从微观上代表无序度，任何孤立系统都会走向熵增，这是一个不可逆的过程。在生物学领域也有熵的概念，生物活着的时候，它是一个负熵体，通过与外界进行物质和能量的交换，来对抗熵增。若生物体死亡，则负熵消失，尸体开始遵循热力学第二定律演化。

如果把经济体系看作一个活的组织，熵最大则意味着该组织走向“死亡”状态。

经典热力学之所以只关注平衡状态，是因为非平衡状态实在太复杂，当时没有合适的数学工具来处理。经典物理学并不研究生命现象，而且受还原论思想所主导，追寻世界极小的源头，只与“非生命”的物质和能量系统打交道，因此做这样的简化处理无可厚非。

然而，经济学照搬经典热力学的研究方法，就存在巨大的问题。经济学家们前赴后继研究的对象，不过是一个仅在理论上存在、濒临死亡的经济系统，对于该系统如何诞生、发展、变化，几乎没有什么了解。

什么是濒临死亡的经济系统呢？一个长期与世隔绝的海岛上的经济系统，大概就是这种状态。我们身处的真实经济系统，大都处于远离平衡的非平衡状态。如果经济系统达到静态均衡（经济学上称之为“帕累托最优”），不是经济系统达到了最优，而是熵增达到了极限，是社会大崩溃、爆发大革命的前夜！

现代管理学的源头是泰勒提出的科学管理理论，它同样建立在牛顿世界观之下。

任正非所接受的军事理论，虽然对于牛顿机械论进行了批判，并且也认识到事物之间是普遍联系的，并非静止割裂的，甚至也有一定程度的演化思维。但那些军事理论是工业时代的产物，生活在牛顿世界观无处不在且发挥巨大影响的时代，他们的思想无论如何也不可能超越时代，而是处处显露出牛顿世界观的烙印。

二、牛顿世界观的局限性造成的华为困境

牛顿世界观到底存在怎样的局限呢？为了形象化地思考这个问题，我们首先回答下面这个问题：

经典机械与正在研究中的“智能机器”有什么不同？

经典机械的各个零件间缺乏有效通信，只是用机械力简单地固定在一起。智能机器的各个部分具备信息处理和传输的能力，通过数据通信实现相互感应，相互协同，实现自适配、自修复和自适应。生物体就是某种意义上的“智能机械”。

我们将信息和机械力都定义为一种“相互作用”。

归根结底，牛顿世界观只是在相互作用相对较弱时的近似而已。随着世界从工业时代迈向信息时代，相互作用的频率和强度呈指数级提升，牛顿世界观越来越不能满足现实需要，开始显示出巨大的局限性，必将被更能适应信息时代的世界观所代替。在新世界观下，牛顿世界观并不是被彻底抛弃，而是退缩到相互作用较弱的特定环境下适用。

华为所在的通信行业，本身就是关于信息传输技术的行业，是信息时

代的重要承载，率先感受到信息交互指数级提升的影响，技术改进和迭代速度极快。因此牛顿世界观也率先在通信行业遭遇与现实之间的显著失洽。

牛顿研究方法建立在绝对时空的基础上。也就是说，将时空看作物体运动的舞台和背景，与运动本身没有关系。这导致了一种静态、孤立的思考方式，将时间看作一个可逆的、与系统本身无关的变量。这就进一步导致了针对设定的固定目标加以研究的方式，将企业目标与外界环境变化割裂开。即使是用博弈论的方式思考，也是静态单次博弈。

在商业界，这种思维方式导致了一种普遍的风气：在设置目标时，不考虑宏观环境和竞争对手而只从自身状况出发，例如直接将去年业绩提升20%作为今年的业绩目标，设置短期的目标并加以实现，甚至为了满足短期的盈利目标，不惜损害公司长期的竞争力。

任正非早年的管理方针和竞争策略，体现出强烈的单次静态博弈的思想，追求具体战役的输赢，玩的是“有限的游戏”。

华为与港湾之间的内战，同样是单次静态博弈思维方式导致的结果。任正非只考虑到李一男等创业元老可以从事外围业务，让华为专注于核心，但是没有考虑到随着时间发展，各方利益博弈之后会发生怎样的演化。任正非鼓励的创业计划，将李一男等人置于没有上锁的宝库门口，却没有约束机制，必然导致恶性竞争。没有李一男也会出现张一男，王一男。

真实的世界如同生态系统，个体与环境之间相互影响，协同演化，无法孤立看待，也无法设置固定目标，必须用动态演化博弈思想，玩一场“无限的游戏”。

这就给我们一个很重要的启示：一切都在动态变化的过程中，所谓的目标，只能是短期内近似成立，如果一个企业设置长期刚性的战术性目标，不能很好地适应环境的快速变化，是相当危险而脆弱的。

这里不是反对企业设置长期目标，相反，任正非在创业早期就建立了长期不变的战略目标，比大多数创业者的境界已经高出很多。但要设置长期的战略目标，需要更加清楚地洞察世界和商业的本质。

比如说，亚马逊的长期目标是“做地球上最以消费者为中心的企业”，这是从商业的本质（满足需求）来设置战略目标。小米的战略目标是“追求极致性价比”，则是从人对产品需求的本质来设置战略目标。

所谓长期战略目标，也只是指出了大概的方向而已，其短期目标一直在变，不停地尝试各种变化，以在适应环境的同时，向长期目标不断迈进。

牛顿机械世界观会导致一个重要结果：这个世界总是处于熵不断增加的状态，从有序走向无序。一台机器没有自修复性和适应性，在长期运行后总会出故障，最后总会走向崩坏。一个组织由于熵增的存在，会走向内耗、腐败、低效、怠惰。而改变这种趋势的方法只有来自外界的控制。最好的办法是让系统“休克”终止，重新设置初始状态，就能让系统重新走上正确的轨道。

任正非常挂在嘴边的词中有一个是“沉淀”。在他看来，一个组织时间久了，老员工收益不错、地位稳固就会渐渐地沉淀下去，成为一团不再运动的固体：拿着高工资却不干活。这实际上就是组织熵增的表现。

任正非在1996年让华为市场部集体大辞职，目的就是反熵增。任正非认为，很多干部进入城市市场之后思想观念、能力跟不上，要引入竞争淘汰机制。市场部总裁孙亚芳带着市场部所有高管集体辞职，之后由华为聘请的人力资源顾问、中国人民大学管理学教授彭剑锋带着专家组对所有人进行测评。当年华为所有干部宣誓：“从今天开始，我们重新接受组织的挑选。”被选下去的干部，包括一些副总裁，被派到基层，没有一个人闹事。从此，干部能上能下、工作能左能右、人员能进能出、待遇能升能降这“四能”机制开始推行。

这一机制使得华为比一般企业更能够对抗熵增，但是采用的手段却是典型的机械论和控制论的方式。这种方式会严重挫伤组织的凝聚力，造成员工的不安定感，在华为创业早期，任正非的精神教父作用很强，还基本能克服负面影响。但是这样的运动对于凝聚力的伤害是深远的。在这次人事大震荡之后，华为员工之间流行这句话：“公司不是我们的家，大家要有打工意识，不要总谈感情。”

按照任正非的话说，华为的成功在于利益分配分得好。固然，物质的分配和激励是保持企业凝聚力的基础，但是仅止于此，就会造成“以利相聚，利尽人散”的结果。2000年华为遭遇极限点后人心涣散，被港湾公司挖墙脚跳槽，甚至差点儿导致公司崩溃，就是负面效果的集中爆发。

华为遭遇的困境，归根结底是任正非的世界观出了问题。一方面，通信领域处于技术的前沿，并且业务本身就是加强连接（相互作用），使其比其他行业更早遭遇了牛顿世界观失洽；另一方面，任正非对于企业的超强控制力以及华为的超强执行力，也更容易撞到南墙，使得华为比其他企业更快地触碰到世界观失洽造成的问题。

任正非要带着华为走出困境，釜底抽薪的解决之道，也只能是回归问题的原点，从底层的世界观层面重新构建。

任正非当时已经过了知天命的年纪，世界观早已成型，又凭借原有的世界观和方法论取得了巨大的成功。按照常理推断，他能够重塑世界观的可能性微乎其微。任正非如何破而后立，走出人生至暗时刻的具体心路历程，我们无从得知，但可以断定，他的世界观重塑，必定经历了一个漫长痛苦的过程。

这一过程的开端甚至无从追溯，1998年华为进行“削足适履”式的改革，不顾众多高管的反对，花费别人难以理解的巨额投入，“先僵化后固化再优化”地从IBM引入IPD流程，说明那时候他已经意识到改变的迫切性。这一过程何时结束也没有尽头，甚至直到今日，任正非的世界观仍在不断演进、变化之中。但我们至少可以断定，阅读和思考是任正非走出黑暗最重要的依仗。

当他备受事业挫败以及爱将背叛的打击，再度陷入人生黑暗中时，他带着心中的疑惑再次沉浸书海，重新追寻世界的本质，广泛涉猎不同领域的知识，心中模糊的图景逐渐清晰，脚步也逐渐坚定，他的管理方法论进一步发展进化，形成了建立在复杂性科学基础上的华为管理方法。

三、耗散结构与华为的重生

复杂性科学流派众多，但是理解起来也并不复杂，其中最重要也是最基础的理论，是普利高津提出的耗散结构理论。

耗散结构（如图8所示）是指一个远离平衡的开放系统，在不断与外界交换物质和能量的过程中，通过内部非线性动力学机理，自动从无序状态形成并维持的在时间上、空间上或功能上的有序结构状态，或叫非平衡有序结构。耗散结构是自组织的基本形成机制，有若干基本特征：开放性、远离平衡态、具有非线性相互作用。以下如不进行特殊说明，自组织系统就是指耗散系统。

一般来说，自组织系统具有如下特征：

非还原论

虽然自组织系统也可以将整体划分为各个部分，但是整体绝对不等于各部分之和，整体的性质也无法用组分性质来体现。比如，生物组织是由分子组成，但是搞清楚了分子的所有性质，也不意味着能够理解生物组织的性质。因为决定组织性质的因素不仅来自分子，还来自分子间的相互作用。

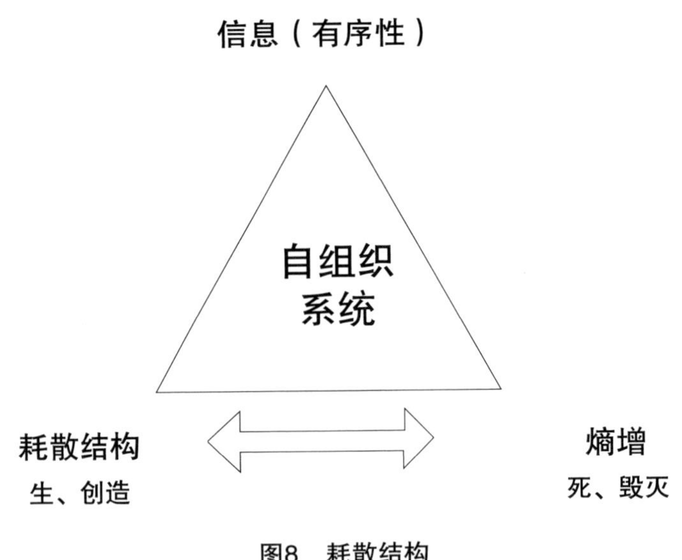

图8　耗散结构

非机械论

自组织系统内以及与外部环境之间都存在非线性相互作用，因此系统的每个组分都处于演化过程中，自组织系统本身也会造成外部环境的变化，环境的变化又会反过来造成自组织系统的变化。

非决定论

自组织系统打破了决定论的教条，任何动力因素都会造成不可预料的结果，形象的比喻就是“一只蝴蝶在巴西扇动翅膀，可能会在得州引起一场龙卷风”。

动态演化均衡

自组织系统远离平衡态，同时又保持一定的系统形态，而且各部分彼此又是相互影响相互作用，也就是说它必须保持一种均衡状态，因此自组织系统必须是开放的，有外界能量和信息的输入，在能量和信息的流动中形成演化中的动态均衡。

听起来似乎很复杂，但你可以简单地将自组织系统理解为小学数学应用题中，一边进水一边排水的游泳池。一个封闭的游泳池是静止的（熵最大，无序），一边进水一边排水，就会形成内部动态的流动结构，呈现出某种有序性。

纳米团簇、贝纳德对流、激光、斑图、化学振荡、生物体，包括企业、社会组织、城市、经济系统、国家、星云、宇宙，本质上都是不同尺度的耗散结构。

生物体的新陈代谢也是一种耗散结构。生物进化，就是带有外部反馈的自组织系统的演化过程。

甚至人类的认知心理、思维活动、语言文字、文化、科学技术，也是某种意义上的耗散结构（自组织系统）。

任何一个自组织系统，都可以看作两种相互拮抗的作用下保持的动态均衡，一种是耗散结构，不断创造出有序性，可以看作生和创造；另一种是熵增过程，不断从有序归于无序，可以看作死和毁灭。

图8就是任正非世界观蜕变后的最基本图景。任正非后期形成的管理哲学的核心——开放、妥协、灰度、耗散、熵减、反脆弱、创造性毁灭，均来源于此。

也许并不算巧合，就在任正非发生世界观深刻转换的那几年，世界上诞生了几个未来的世界级企业：亚马逊、谷歌、腾讯、阿里巴巴。这些公司跟华为一样，或多或少都带有复杂性科学世界观的某些印记。

随着交通技术、通信技术、信息技术突飞猛进式的发展，人类社会各个尺度上互动的频率和强度显著提升。这些交互类技术的发展，又推动了从20世纪70年代开始的金融自由化、贸易自由化、经济全球化，进一步加深了全球各国各地区之间的交流与互动。牛顿机械论宇宙观所适用的前提——相互作用相对较弱，在各个尺度上瓦解，复杂性系统的规律——耗散结构与自组织，则在各个尺度上得到增强，并首先在通信行业、互联网行业以及与信息技术密切相关的金融行业，表现得尤为显著。

2000年是一个标志性的分水岭。这一年的金融危机和互联网泡沫，相当于一个巨大的触发事件，使得极少数高认知人士首先觉醒，开始窥见未来世界的冰山一角。

这个世界的游戏规则正在发生深刻变化。包括任正非在内的极少数人，正是新时代的第一批先知，他又是这一批先知中，能够横跨从物理层到应用层各个层次，成为连接过去与未来的关键枢纽。

第十四章 金融大鳄如何推动华为的全球布局

一、“枪林弹雨中成长”

马拉维湖，位于非洲东非大裂谷最南面，是非洲第三大湖泊。马拉维湖历来就是非洲游览胜地，吸引来自全球的观光客云集于此，被称为“非洲最浪漫之地”“梦境之湖”。

但很少有人知道，由于环境适宜，马拉维湖也是全球最大的蚊子繁殖基地。雨季时节，有时傍晚你会看到湖面上的“龙卷风”黑压压直冲云霄，其实那不是龙卷风，而是上亿只雏蚊从水里飞出聚集形成的壮观景象。

令人色变的蚊子龙卷风，也成为初驻马拉维共和国的华为员工的噩梦。由于低估了非洲蚊子的恐怖威力，马拉维办事处的华为员工经常被疟疾击倒，甚至一个月内反复感染。得了疟疾，连续高烧，全身乏力，不打针、吃药就难以恢复，耽误治疗就可能送命。疟疾还有一定的潜伏期，病愈三年内不能生育，否则可能会把疟原虫遗传给下一代。

这只是华为员工远征海外，遭遇的各种艰难困苦的一个缩影而已，甚至只是微不足道的一桩小事。

坐在办公室里，突然被闯入的全副武装的男人用枪指着头，要求马上支付工程款；在宿舍里睡得正香，突然枪声大作，玻璃被流弹击碎，原来是该国突然爆发内乱；在线路巡检的过程中，突然遭遇武装冲突，汽车被打出许多弹孔；与客户谈判的过程中，对方突然掏出枪拍在桌上……

我们在电影《战狼》《红海行动》中才能看到的景象，却是华为海外员工的真实经历。而且由于通信基础设施的特殊性，越是发生天灾人祸的危险区域，其他人纷纷撤离，华为员工却更要义无反顾地逆行出击。他们的身影出现在战火纷飞的叙利亚、动荡不安的伊拉克、内战不断的刚果。

2011年，日本海啸引发福岛核电站泄漏时，华为员工与难民逆向而行，他们冒着生命危险在两周内恢复了680个基站，为抢险救灾做出了巨大贡献。

华为在海外市场取得的一系列成功，是无数华为人前赴后继、艰苦付出获得的果实，其中的艰辛困苦，不亚于红军爬雪山过草地。

华为员工大都是二三十岁的年轻人，他们前赴后继，与战乱、疾病、食物短缺、恶劣居住条件做斗争，“在枪林弹雨中成长”，甚至不时出现流血牺牲。在他们的艰辛付出之下，华为才有了今天的光辉成就。

二、华为的三板斧

是什么力量支撑他们甘愿远离和平稳定的国内，忍受辛劳、伤痛和疾病，去艰苦甚至危险的国家或地区奉献青春？

让我们把时间倒拨回十八年前。

2001年底，华为坂田总部。

任正非如同检阅出征部队的将军，在欢送海外将士出征大会上，发表慷慨激昂的演讲：

> 随着中国即将加入WTO，中国经济融入全球化的进程将加快，我们不仅允许外国投资者进入中国，中国企业也要走向世界，肩负起民族振兴的希望。在这样的时代，一个企业需要有全球性的战略眼光才能发愤图强；一个民族需要汲取全球性的精髓才能繁荣昌盛；一个公司需要建立全球性的商业生态系统才能生生不息；一个员工需要具备四海为家的胸怀和本领才能收获出类拔萃的职业生涯。

……

是的，我们正在创造历史，与文明同步！

你们背负着公司生死存亡的重任，希望寄托在你们身上。

前文说到，由于任正非的连续决策失误，在2000年前后，华为在国内市场上接连错失重大风口红利，志在必得的GSM业务也几乎颗粒无收。在交换机以及核心网业务带来的暂时靓丽的财务数据之下，掩藏着深重的危机。

任正非为此在员工大会上，当着数千人的面公开承认“我错了”，令在场员工极为动容。

将公司危机的根源归于自身，在员工面前公开承认错误，既不是掩盖错误，也不是找个手下出来“背锅”，试问天下有几个领导者能做到？将批评与自我批评贯彻到底，甚至敢于否定自己，这是极为难得的品质，也是华为能够持续发展的前提。

任正非痛定思痛，决定权力下放，并亲自组建华为面向重大机会点的集体决策机制——EMT（执行管理团队）。EMT由负责不同方向的七大副总裁组成，属常设的决策机构。EMT之下有五大产品线，一开始分别是固网、移动、传输、业务与软件、数据通信。五大产品线内本领域的新产品决策由五大产品线的最高决策机构IPMT自行决策，公司级的新机会点或重大决策，由公司级集体决策机构EMT集体讨论决策。

与此同时，任正非以不亚于红军长征的悲壮，开启了华为向海外市场的战略远征。

任正非当时的判断是：“我们的队伍太年轻，而且又生长在我们顺利发展的时期，抗风险意识与驾驭危机的能力都较弱，经不起打击……不趁着短暂的领先，尽快抢占一些市场，加大投入来巩固和延长我们的先进，一点点领先的优势就会稍纵即逝。不努力，就会徒伤悲。我们应在该出击时就出击，我们现在还不十分危险，若3至5年之内建立不起国际化的队伍，那么中国市场一旦饱和，我们将坐以待毙！”

出征海外，首要问题是如何赢得客户的信任。任正非提出“以合作联盟等方式，改变全球市场竞争的格局”的联盟战略。熟悉任正非战略考虑的吴春波说：“与跨国公司成立合资公司不是在具体某个市场，更多的是战略上的考虑。这是双赢的结局。”这些合作使华为的技术水平、市场能力、管理能力在多个优势不足的领域得到提升，尤其对华为品牌在全球的知名度大有裨益。

战术上，任正非仍然采取“集中优势兵力，制胜薄弱环节”的策略。即首先从电信发展较薄弱的国家“下手”，通过“农村包围城市”的策略，步步为营，层层包围，最后攻占发达国家。

华为海外出征的主战场，就是亚非拉的第三世界国家。这些国家由于贫困、宗教以及地缘政治问题冲突频发，制度风险、政治风险、经济风险、市场风险、经营风险远高于其他地区。

但也正因为风险高，成熟的国外大公司不愿意去，或者只挑选经济相对发达、政治相对稳定的地区，于是这里成为全球竞争最薄弱的环节，也是中国企业完成从“游击队”到“正规军”转型最好的试炼场。

中国的改革开放，实质是外来资本用“三来一补”的方式，把低端落后的制造业产能输出到中国，利用中国廉价的劳动力市场生产中低端消费品，从而对冲发达国家（主要是美国）的通胀，掩盖其中低收入者收入不断下降的事实。到2007年左右，代工占中国出口总额比重的55%。

中国要想从全球价值链的低端转到中高端，要从高速增长转到高质量发展，中国的企业要完成从小到大、从弱到强、从“游击队”到“正规军”的转型，最好的方式就是走出去。华为已经先行一步，在这方面做了大量的实践，积累了大量经验，并为后来的中国企业提供了必要的通信基础设施和技术支持。

从这个意义上说，华为的海外征战，对于中国从全球价值链的低端迈向中高端具有重大意义。

推动华为员工艰辛付出的，一方面是迎接中国伟大复兴的宏大使命感和历史责任感，另一方面，也有充足的物质激励作为保障。

只有物质激励，不可能凝聚如此多的优秀儿女，克服如此多的艰难困苦，甚至冒着流血牺牲的危险；只有使命驱动，则不可能汇聚如此巨大的合力。

有位华为员工入职时说得很直白，就是冲着海外岗位钱多来的，干个三年就辞职去美国留学。但是干完三年后，他仍然选择留在华为继续工作。有人问他为啥改主意了。他说，因为我升职了，而且在工作中不知不觉受到使命驱动的感染，想要做出更大的贡献。

都说华为是个“大熔炉”，无论什么人进来两年就都成了又红又专、吃苦耐劳的华为人。华为凝聚人心的办法叫作“以奋斗者为本”，其实说穿了一点儿也不神秘，就是三板斧：一是权，二是钱，三是使命驱动。这三板斧挥出，可以把刚走出校园青涩的学生，迅速改造成斗志昂扬的华为铁军。

三、金融大鳄的“助攻”

华为在海外市场的尝试，始于1996年。

以香港为跳板，华为陆续进入东南亚市场，特别是在华人比较聚集的泰国市场，华为连续获得较大的移动智能网订单。

说起来有些黑色幽默，对于华为开拓海外市场助力最大的人，居然是金融大鳄索罗斯。

1998年亚洲金融风暴，国际金融资本在亚洲及俄罗斯兴风作浪，巧取豪夺，留下了一片狼藉，反而为华为进入海外市场打开了方便之门。

国际金融资本是游牧文明的思维，所谓新兴市场不过是狩猎的草场，肥羊就是用来宰杀吃肉喝血的。华为却是带有中国的农耕文明的基因，与客户结成“命运共同体”，愿意与各方朋友共建美好家园。

华为的理念是“以客户为中心”，按照现在流行的话说，华为首要考虑的不是从客户身上赚多少钱，而是为客户赋能，使得客户在市场竞争中能够获得更大的优势。随着客户做大，华为自然也就水涨船高，并且能够持续获得长久的收益。

因此，华为从来都是提供性价比高的产品，又能为本地客户需求量身定制，提供富有竞争力的业务，售后服务极为周到，几乎是随叫随到，迅速赢得了客户的青睐。

亚洲金融危机使得泰国备受冲击，运营商不再盲目追逐国际大牌，开始追求更有性价比的解决方案，华为因此获得了入场机会。选择与华为合作的客户，自身也迎来大发展，实现了互利共赢。

以现在泰国最大的移动电信公司泰国现代电信公司为例，该公司原来在泰国只拥有200万移动电信客户，在与华为合作后，不到两年时间已发展到1200万移动用户，占全国用户的60%。此外，泰国现代电信公司还拥有1000万预付费用户，风靡泰国的1-2-Call（预付费用户），就是由华为分公司独家提供的。华为分公司还为泰国现代电信公司提供了网络平台和移动智能网，仅一年时间，华为已占有该公司网络平台份额的20%。作为泰国电信市场的主流设备供应商，华为泰国分公司2002年在泰国的销售额已达30亿铢（约7700万美元），成为泰国纳税大户。

东南亚市场，毕竟还是以华人为主。华为世界布局的另一个重要里程碑，是远征俄罗斯，也是华为国际化之旅的真正开端。

苏联解体后，俄罗斯经济陷入一片混乱，各种生活消费品奇缺，成为来自中国的“跨国倒爷”淘金的乐土。

“去俄罗斯做生意，一星期能挣一辆奔驰。”

各种各样真假莫辨的财富神话，刺激着敢于冒险的中国商人的神经。在通信领域，俄罗斯的股份制改造正初步展开，国家在其中占有很大的股份，对于通信设备的选购，更注重产品的性价比和增值服务，中国政府与俄罗斯政府也一直保持着良好的外交关系。这些都成为华为拓展业务的有利因素。

于是，俄罗斯市场成为华为首先瞄准的海外目标。

从1994年开始，华为就“相中”了这块宝地，两三年间组织了数十个代表团访俄，前后数百人次，并邀请俄罗斯代表团多次访问华为。不过，尽管华为对俄战略准备多时，但对能否打开市场也显得有些茫然无措。初期华为在俄罗斯屡屡碰壁，一个地方一去两个星期，连个客户的影子都看不到，更不用说介绍产品了。

华为碰到的问题跟当初在国内的问题差不多，但是困难程度要上升一个量级。

尽管俄罗斯政府更喜欢采购性价比高的中国产品，但是对于20世纪90年代普遍亲西方的俄罗斯民众以及工商业寡头来说，就完全是另一回事了。

在俄罗斯人眼里，电信是朗讯、西门子等国际巨头的专利，他们从内心不信任华为这个中国品牌。当时许多中国企业将质量不过关的产品销往俄罗斯，使得俄罗斯人将中国制造视作“假冒伪劣”的代名词。华为面临的难题，不仅是推销华为的产品，更是推销中国制造，改善中国的国际形象，这无疑为华为在俄罗斯市场的拓展提升了难度。因此，尽管华为早就尝试耕耘俄罗斯市场，但是几年下来颗粒无收。

亚洲金融危机，成为华为打开俄罗斯市场的突破口。

1998年，俄罗斯的市场一片萧条，卢布贬值，一泻千里。资本市场极其混乱，资金链紧张，市场开拓的风险极大。爱立信、西门子、阿尔卡特等国际通信巨头因为看不到短期收益，纷纷从俄罗斯撤离。

华为抓住了机会。1998年，在“亚欧分界线”的乌拉尔山西麓军事重镇乌法市，华为和俄罗斯贝托康采恩、俄罗斯电信公司建立了第一家海外合资公司：贝托—华为合资公司，采取本地化的经营战略。然而1999年整整一年，华为依然一无所获。

任正非对于华为在俄罗斯市场迟迟打不开局面感到极为不满。他曾对负责俄罗斯市场的主管李杰说："李杰，如果有一天俄罗斯市场复苏了，而华为却被挡在了门外，你就从这个楼上跳下去吧。"李杰说："好。"

在俄罗斯市场前景十分不明朗的情况下，华为对俄罗斯市场持续加大投入。尽管数年来颗粒无收，可这份执着换来的是客户的信任。

亚洲金融危机重创俄罗斯经济和金融市场，也使得俄罗斯人民对于叶利钦政府的耐心终于耗尽了。1999年最后一天，叶利钦黯然宣布辞职，并任命总理普京为代总统。普京在2000年上台后，全面整顿宏观经济，加大政府采购。华为的辛勤耕耘终于迎来收获，喝到了俄政府采购计划的"头啖汤①"。

2000年，华为斩获乌拉尔电信交换机和莫斯科MTS移动网络两大项目。2001年，华为与俄罗斯国家电信部门签署了上千万美元的GSM设备供应合同。到2003年，华为在独联体国家的销售额超过3亿美元，位居独联体市场国际大型设备供应商之首。

如今，经过十几年的不懈努力和持续投入，华为与俄罗斯所有顶级运营商建立了紧密的合作关系，并积极参与俄罗斯电子政务网络建设。

拉丁美洲，是华为海外发展的第二站。

华为进入拉美市场的时间是1997年。当时拉美地区人口有5亿，是一个有着巨大发展潜力的市场。

拉美各国也是刚刚经历了国际金融资本的蹂躏，拉美国家的电信服务业实现私有化不久，面临着调整经营战略，更新设备，扩大通信容量，改

① 头啖汤，粤语，即煲出来第一口吃的汤。在这里表示第一个获得机会的人。

善服务，满足用户对电话机、移动电话、网络等方面的需求等任务。

但与俄罗斯相比，拉美市场的开拓更加艰难。在私有化、金融自由化浪潮中，拉美国家的电信运营商大多已经变成了欧洲或美国公司，采购权在欧洲或美国公司总部而不在拉美当地。在亲美政府控制的那些拉美国家，华为进去的可能性几乎为零。

于是，华为采取了“先国家、再公司”的战略，让自己的海外采购路线沿着中国的外交路线走，积极进入与中国建立良好外交关系的市场，“以国家品牌提携企业品牌”。华为公司出钱，积极邀请海外客户来中国考察，参观大气的华为总部，让他们认识到华为是一家实力雄厚的大公司，给客户树立信心。

作为拉丁美洲的头号经济体，巴西能够在一定程度上抵挡美国势力的渗透，因此巴西也是与中国较早建立良好外交关系的拉美国家。1993年，中巴建立战略伙伴关系。1997年，华为在巴西投入3000多万美元建立了合资企业。1999年，华为在巴西开设了拉美首家海外代表处。2004年2月，华为获得巴西NGN（下一代网络）项目，合同金额超过700万美元。到2012年，华为在巴西的总营业额达到20亿美元，占据了华为整个拉美市场几乎2/3的市场份额。

赢得了巴西市场，辐射整个拉美也就顺理成章了。2016年，华为在拉美已取得与超过50家运营商与跨国渠道的深度合作，并与超过550家代理商、零售商携手，共建拉丁美洲智能机市场。

中东和非洲，是华为海外开拓最大的根据地。华为在全球拥有100多个分支机构，其中中东和非洲地区近40个。

作为世界上最贫穷的大陆，非洲在全球信息革命的浪潮中严重落后，通信市场基础薄弱。非洲电信市场普遍存在收费高、服务差、政局不稳定等因素，风险也比较大。

华为在非洲的开拓也不是一帆风顺。

全球殖民主义虽然早已退潮，但是欧洲的前宗主国深耕多年，影响仍然深远。非洲一些国家存在前宗主国培养的亲自己的人，这些人不仅掌握了巨大的财富，而且往往有巨大的影响力。非洲最值钱的矿藏，最有油水的工程，往往仍然是交给前宗主国的财团，只有没什么油水或者已经被搞砸了的工程，才会考虑一下中国人。

华为在非洲的拓展，仍然和在中国本土与国际巨头竞争的方式一样，要依靠真正深入群众，倾听群众的声音，推出符合非洲本地特色的服务，才能赢得市场。

华为非常重视在非洲的本地化投入。截至2014年12月31日，华为南非员工总数为1028人，其中本地员工超过60%。华为不仅关注自身发展，也看重当地建设。华为南非代表处每年为当地进入ICT行业的小公司提供运营培训和技术培训，为当地社会培养ICT人才，带动上下游产业链发展。作为中东、北非地区市场份额最大的通信设备供应商，华为在埃及乃至整个北非地区都拥有丰富的网络部署经验，在埃及还拥有一支专业的网络规划和优化队伍。

在华为的国际化拓展中，本地化始终如影随形。但是华为并不认为，国际化的目标就是彻底本土化。任正非始终在掌握着一个度，既要不断加大本土化力度，又要防止过于本土化。伊莱克斯中国由于彻底本土化造成的深刻教训不断被华为提起，防止本土化过度造成发展失控的教训警钟长鸣。

四、受阻欧洲战场

在发展中国家的节节胜利，增强了华为的实力，也鼓舞了华为的信心。华为在南非和沙特这些相对比较发达的国家取得成功后，将目标转向了欧洲市场和北美市场，被任正非称作“雄赳赳，气昂昂，跨过太平洋”。

把华为的旗帜插遍欧洲和美国，是任正非的夙愿。

欧美市场属于高端市场，有着较为先进的消费理念，通信消费的水平高于全球其他大部分地区，对产品的要求更注重性能。欧美也是通信巨头的大本营，市场早已被瓜分完毕，如果没有过人的实力是很难进去分一杯羹的。

北美通信厂商实力强大，运营商已经形成了寡头市场，美国政府对于中国厂商带有深重的戒备心理，华为进军北美几乎是不可能的，只能是建立北美研究所进行技术研发工作。欧洲是全球通信产业的高地，有阿尔卡特、爱立信、西门子、诺基亚四家电信设备巨头虎踞龙盘。华为进入欧洲市场时，欧洲人将华为当作是一家骗子公司，不给华为半点儿机会。

华为欧洲无线业务的负责人，就是后来的消费者BG[①]总裁余承东。出身于安徽农村的他，从小有一股不服输的狠劲，他的名言是："我个子不高，是玩儿命的那种，打得满脸是血也要继续打。"

余承东发誓，哪怕欧洲市场是铜墙铁壁，就算插针也要插进去。

欧洲市场相对碎片化，众多运营商相互竞争，给了华为进入的机会。叩开欧洲市场的敲门砖，则是华为过硬的研发能力。

在余承东的带领下，华为人千方百计寻找可以杀入欧洲市场的机会。第一个突破口终于在荷兰出现了。

荷兰有四家运营商，最小的一家叫泰尔弗（Telfort），准备建3G网。但其机房空间很小，摆不下第二台机柜，于是找到全网设备供应商诺基亚开发一种小型机柜，以便放置3G机柜。

诺基亚嫌小型机柜开发成本太高，而且订单总额也不大，因而直接拒绝了。泰尔弗又找到市场老大爱立信，表示愿意抛弃诺基亚全网设备与爱立信合作，爱立信同样拒绝了。

2003年，华为欧洲拓展团队听说此事后，特意上门拜访濒临破产的泰尔弗。于是，走投无路的泰尔弗，抱着死马当活马医的心情，与华为尝试合作。

华为仔细研究用户需求之后，提出了分布式基站的解决方案。即基站的室内部分做成类似分体式空调那样，体积只有DVD机大小，然后把基站大部分功能放到室外。泰尔弗半信半疑："基站说分就分，说合就合吗？""我们可以做到。"华为的回答斩钉截铁。

8个月后，华为分布式基站诞生。网上很多资料说，余承东是分布式基

① BG是英语Business Group的缩写，多用于企业内部，常译为"业务组"，有时候也译作"业务单元""事业群"。

站的第一发明人。笔者查了一下专利数据库，赫然发现华为当初这组关键的分布式基站专利，正是笔者执笔撰写的，第一发明人是吴旺军，余承东是第二发明人。

比如申请人华为技术有限公司，中国专利申请号200510070835.5，发明名称“分体式基站系统及其组网方法和基带单元”的这件专利，摘要是这样的：“本发明公开了一种分体式基站系统及其组网方法和基带单元，该系统中将基站的基带单元（BBU）与射频单元（RFU）分离，且RFU上设置有与BBU互连并传输数据信息的基带射频接口，从而形成分体式基站系统。且在BBU和RRU分离的基础上，同时进一步将BBU容量进行划分，将各个单元也分开放置；通过BBU接口单元提供的扩容接口和基带射频接口，灵活方便地实现BBU的组网及扩容能减小占地面积，降低运营成本、同时提高基站系统工作的可靠性。”

其中还有一处小小的笔误。射频单元后来的缩写统一为“RRU”，但是当时华为自己也没有统一说法，发明人有时候管它叫“RRU”，有时候叫“RFU”，撰写成专利文件本应统一术语。细心的读者可以在上面同时找到RRU和RFU两种缩写。

根据中国专利法的规定，这些专利首先要在中国专利局申请，然后提出PCT（专利合作条约）申请，通过PCT进入其他国家和地区。华为的分布式基站国内专利及其PCT申请，以及后续的改进型专利，大都是通过笔者或者笔者所在公司申请成功的。没想到自己无意间居然参与了这么重要的历史进程，虽然当时并不了解这项技术的重要意义。

凭借这项突破性技术，华为进入欧洲的梦想即将变成现实。在此之前，负责欧洲客户拓展的李昌竹遭受了多少冷遇，多少白眼，多少委屈，只有自己心里才清楚。拿下订单那天，堂堂七尺男儿居然蹲在地上号啕大哭，以至于余承东都担心，他的精神受了太大的刺激，是不是出了问题。

天有不测风云，刚刚签下订单不久，泰尔弗竟被最大的运营商荷兰皇家电信（KPN）收购，华为的分布式基站惨遭抛弃。分布式基站是华为方面呕心沥血才完成的杰作，也是华为进入欧洲两三年来，费尽千辛万苦揽到的第一个项目，却就此打了水漂。

带有强烈偏见的欧洲媒体，打心里看不上华为这家来自中国的企业，对此幸灾乐祸。

经过这次沉重打击，华为的欧洲市场拓展之路，又阻延了两年。在此期间，华为仍然继续潜心发展分布式基站技术。该技术组网灵活，环境适应能力强，成本低，升级换代代价小，数年之后成为一件技惊四座的大杀器，在欧洲大杀四方，成为华为战胜宿敌爱立信的胜负手。

虽然华为在欧洲市场还没有打开局面，但是华为在海外市场接连攻城略地，仍然引发了全球数据通信巨头思科的警觉。尽管当时思科已经是一个巨无霸，甚至一度超过微软成为全球市值第一的公司，但是仍然对华为这家来自中国的公司抱持足够的重视。思科总裁钱伯斯甚至说过：在今后几年里思科将只有一个竞争对手，就是华为。

一场精心布置的针对华为的专利阻击战由此爆发，这就是当时轰动一时的“思科vs华为”案。

第十五章 华为挑战思科的全球霸权

一、互联网缔造者——思科

从20世纪80年代开始，迅猛发展的互联网技术彻底地改变了这个世界。人们开始习惯于生活中无处不在的网络：从现金购物到信用卡消费，从面对面的交易到网上购物，从阅读报纸杂志到浏览网页，从线上社交到在线教育，网络以其巨大的推动力颠覆了传统，人们开始以全新的方式工作、学习、生活、娱乐。

互联网的缔造者，就是钱伯斯和他的思科帝国。

思科的创立时间只比华为早三年，但是发展速度却比华为快很多。

1996年，华为才刚刚走过破局点，思科已成了全球互联网设备的王者，1997年就进入了《财富》的全球500强，1998年它的市值比前一年翻了15倍，并在两年后市值超过微软，登顶全球市值排行榜第一的宝座（5400亿美元）。

思科股票一天的交易额，超过当时整个中国股市的交易总额。

即使放到今天，思科的成长速度也是极为惊人的，更别说二十年前，简直就是骇人听闻，比火箭蹿得还快。它是怎么做到的呢?

思科与华为，可以看作中美两种发展模式的缩影。

思科练的是“吸星大法”，以金融驱动，通过并购快速扩张；华为修炼的则是“九阳神功”，依靠自身苦练不断提升实力。

思科是一家典型的技术型公司吗？

最初也许是，但是推动思科高速成长的，不是研发能力，而是金融的魔力。准确地说，它是一家金融投资公司，一家聚焦于互联网产业的金融投资控股公司。钱伯斯宣称：“收购是刺激增长的有效途径。”自从1995年钱伯斯担任思科总裁之后，思科大幅缩减自主研发，执行全面收购的策略，实现了持续20年每年以100%的速度增长。

在1991年钱伯斯加入思科担任副总裁时，思科拥有300名员工，销售收入仅为7000万美元，市场价值仅为6亿多美元。钱伯斯成功地借用了思科定义互联网规则的先发优势，以及利用美国金融市场的融资能力，通过不断地并购来实现增长。

思科的快速成长也影响了一大批企业家的战略选择。有的公司总是寄希望于通过并购实现扩张，就是希望能复制思科的成功。

二、赢者通吃的游戏

为什么思科的“吸星大法”威力如此惊人？这背后还蕴含着奇妙的数学法则。

这就是“强者恒强，弱者恒弱”的“马太效应”。中国的老子则在更早的时候洞察了这一点，他称之为“损不足而以奉有余”的“人之道”。这种神秘的效应被不同的人在不同时间一再发现，也被称为“帕累托法则”“二八效应”。但是人们并不知道其中的原理是什么，甚至有人牵强附会地认为，根源在于人体80%是由水组成，只有20%为其他关键物质。

直到1998年，复杂系统科学家巴拉巴西写了一本叫作《链接》的书，通过对互联网中节点链接数的变化规律进行研究，才揭示了其中的原理：其实这是一种幂律分布，是复杂系统秩序自发涌现的必然结果。《链接》这本书极为重要，互联网时代主要商业规则都蕴含其中。

任何由足够数量的节点组成的系统，节点之间通过竞争机制争夺共同的某种资源，都会呈现这样的分布规律。

根据巴拉巴西的研究，幂律分布基于两条简单规则：

增长原则

网络节点数目随着时间不断增长。

优先链接原则

网络节点之间的链接，不是机会均等和随机的，而是优先链接原本链接数较高的节点。尽管个体行为方式很难预测，但概率上一定符合“优先链接”原则。

打个比方，女孩往往被同时被许多女孩包围的“花心大萝卜”所吸引，而不会青睐没有女友的人，这就是“优先链接原则”的体现。

幂律分布的特征是包含“头部”和“长尾”，头部的意思是少数个体占有了系统内的大部分资源，长尾则是大部分个体分割剩下的资源。

幂律法则潜在地影响了许多成功者，特别要在商业界取得成功，最基本的原则就是和幂律法则做朋友。幂律法则使得任何一个商业赛道最终都会呈现“强者恒强”的结果，也就是常被提及的“7–2–1”（第一名占据70%份额，第二名占据20%份额，其他玩家瓜分剩下的10%）。

根据幂律法则，可以重新审视商业创新的本质。

连续性创新是在原有赛道里赛跑，头部玩家拥有幂律法则赋予的巨大优势，胜率几乎是100%；所谓非连续性创新，就是重新定义一条属于自己的赛道，让自己有机会成为头部玩家，然后通过持续的改进，尽可能地扩展到整个赛道，不给其他玩家入局的机会。

互联网时代，创业公司越来越依赖“烧钱”迅速扩张规模，将竞争对手排除出局，背后的逻辑都源于此。当今世界首富贝索斯的亚马逊公司，几乎就是按照幂律法则发展起来的，甚至连“亚马逊”这个名字，都包含了幂律法则的意味。

从头部扩展到长尾，需要克服三个制约条件：边际收益递减，边际成本上升以及供给能力有限。

对于绝大多数行业，这三个制约条件都是成立的。最普遍的情形就是时空阻隔造成物流成本上升，引发了上述制约条件，会使得扩展被限制在一定范围内，这些行业总会看到高中低端不同玩家共存的生态平衡。

互联网消除了时空阻隔，使得这三个条件可能都不成立。尤其商品或服务是信息的品类（线上社交、资讯、网络游戏、线上娱乐等），边际成本为零，供给能力无限，很容易形成赢家通吃的情形，例如微信占据了移动社交的全部赛道，并几乎封杀了后来者进入的可能。

自然界之所以会形成生态平衡，说到底就是存在上述制约条件。

如果有一只老虎，它可以同时出现在任何地点，并且食量无限，其他肉食动物还能有活路吗？

思科公司就是这样一只“老虎”。

作为互联网的缔造者，思科的发展历程，可以说就是幂律法则本尊。

虽然互联网早就诞生了，但是早期的设备厂家各自采用不同的网络协议，连接自己生产的设备，没有公司愿意为其他公司做路由器。不同厂家生产的设备自然也就无法互通。早期的联网通常限制在同一个机构内，该机构通常会采购同一个厂家的设备，因此矛盾一直没有凸显出来。

1983年，美国自然科学基金会（NSF）投资建设了连接各个大学和美国几个超级计算机中心的广义网NSFNet，目的是让科研人员不需要出差到超级计算机中心，就能通过远程登录而使用那些超级计算机。由于各大学、各公司的网络采用的协议不同，使用的设备也不同，因此对多协议路由器的需求一下子产生了。思科恰逢其会，在这一个关键时点，推出了可以实现不同设备互联互通的路由器，原先被不同协议割裂的一个个小局域网终于连接成了一个整体，互联网这才真正来到世间，并迎来了爆发式增长。

微软依靠Windows操作系统，称霸整个PC市场，思科则要更进一步，因为微软只是定义了单个节点的标准，而思科掌握的是节点之间互联互通的标准。而且这个标准并不是公开的标准，而是思科企业的私有标准。

思科总裁钱伯斯不无得意地说："微软踏平的只是PC时代，而思科则已经拥抱E时代了。"

互联网技术的核心，就是掌握在思科手中的路由器技术，可以将三网（以传递声音为主的电话网、以传递数据为主的局域网和以传递图像为主的广播电视网）合一，通过计算机在一个网上传递声音、数据和图像，而且费用低、效率高。

有了标准的控制权，思科通过知识产权策略封杀了所有的竞争对手，因为如果你得不到思科的授权，你的网络设备就无法与思科的路由器互联互通，也就失去了互联网时代的通行证。阿尔卡特、爱立信、北方电讯、康柏、惠普甚至连微软这样的霸主，在思科面前都不得不低头。

多协议路由器就如同思科手中的屠龙刀，号令天下，莫敢不从。唯有3Com公司和瞻博网络公司（Juniper），凭借前期积累的技术和知识产权，还在苦苦抵抗思科的霸权。

钱伯斯曾说过："进入市场不是目的，重要的是要在每个市场占到第一名或第二名。如果思科自己做不到这一点，比如说，处于第六名，那就或者与这个市场中的前五名结盟，或者进行收购，一定要达到目标，否则就退出。"这句话中也包含了幂律法则的意思。

钱伯斯在全世界范围内掀起了一场并购风暴。他斥资400多亿美元，并购了不下百家大大小小的企业，一步步牵引着思科从单一提供路由器产品的小企业，走向一家提供“端到端”联网方案的行业巨头，钱伯斯本人也获得了“世界并购第一人”的称号。

钱伯斯将幂律法则的精髓用到了极致，使得思科成为一个如同黑洞般的存在：由于思科掌握了互联网规则，这些被收购的小公司不得不就范，否则直接被封杀出局；而当这些公司被收购后，又进一步地增强了思科的实力，加强了思科的专利大棒的威力，使得后面的公司更没有招架之力。

通过并购，思科一方面将硅谷最先进的技术掌握在自己手中，并凭借自己强大的品牌和渠道力量推销出去；另一方面，思科从客观上也消灭了自己未来的竞争对手。

与思科竞争，不是在与一家公司竞争，而是在与整个硅谷的数百家互联网硬件创业公司集群竞争。

任何要与思科竞争的对手，如果不能将思科的本质搞清楚，是无法与思科进行有效竞争的。这是一种体系对单体的降维打击。因此，思科在数据通信领域“独孤求败”，一度打着望远镜都找不到对手。

幂律法则的恐怖威力，在思科身上发挥得淋漓尽致，也是互联网带给人们的首轮巨大震撼。此后，谷歌、亚马逊、Facebook等互联网巨头，一再向世人演示了什么叫幂律法则支配下的“赢家通吃”。

由于幂律法则的存在，美国将牢牢占据产业金字塔的顶端，也就是全球价值链的顶端，千秋万代，一统江湖。

正是在这样的背景下，才会涌现出弗朗西斯·福山的“历史终结论”：美国的制度和价值观将统一全球，历史不再继续演进而是走向终结。

美国人的强大信心从哪里来?

答案就是互联网幂律法则形成的降维打击武器，如同一道技术铁幕，封死了发展中国家逆袭的可能。

思科就是幂律法则的化身，掌握着降维打击的大杀器，华为过去取得成功的撒手锏——利用工程师红利死磕研发，从零开始蚕食市场，在互联网数据通信领域完全行不通。

要想打破思科霸道凌厉的降维打击，只有两条路：

第一条路，断开连接，与国外互联网实现一定程度的“隔离”，在自己做主的“局域网”内发挥主场优势。

第二条路：把水搅浑，与美国市场上思科的竞争对手合作，玩一场“三国杀”，先谋求与对方长期并存，然后再徐徐图之。仍在抵抗思科的3Com公司，使得这条路成为可能。

三、华为的华丽逆袭

华为当年采取的策略，就是双路并举，双管齐下。

思科获取了市场垄断地位后，放心地给产品定了一个高高在上的价格，使得这道完美的铁幕留下了一个破绽。如今位于北京市海淀区上地的华为北京研究所，就是攻破这道铁幕的尖刀。

华为北京研究所成立于1995年，最初的办公地点在中国地质大学的招待所。任正非每次到北京出差时，都会抽空到北京研究所来视察。一次在视察完后，任正非对当时任北京研究所所长的刘平说："你这里怎么才这么一点儿人呀，我不是叫你多招一些人吗？"刘平小心翼翼地回答："任总，数据通信做什么产品还没确定下来，招那么多人来没事做。"任正非生气地说："刘平，叫你招你就招。没事做，招人来洗沙子也可以。"

为了便于招人，1996年年初，任正非在上地科技园花了将近一个亿购买了一栋六层写字楼，又花了将近一个亿进行豪华装修。华为北京研究所成为北京上地科技园中心地带的地标式建筑，比华为公司当时在深圳的中研部总部占地面积还大，还要漂亮。刘平招了一大批各大高校的青年才俊，聚在这里“洗沙子”：研究数据通信协议。他们人手一套“红宝书”——《TCP/IP协议详解》，上中下共三册，从网络上搜索来所有能搜到的开源的TCP/IP协议软件，仔细研读、分析各种协议的转换和路径转发。

通信协议研究一段时间，原理完全掌握了，就明白了对方的优势和劣势的分布，也就明白市场机会点在哪里了。这个机会点就是接入网。

当时的互联网，还要借助已经成熟的电话通信网络实现连接，是通信和数据的混合网络。需要将用户侧的数据报文通过调制解调器（俗称“猫”）转换为可以在电话线路上传输的报文，这个转换动作就要在接入网设备上完成。

思科在中国的接入网市场已经占据了90%的份额，但是思科的接入网设备只支持一号信令。一号信令是中国电信早期采用的一项技术，在电话传送上速度较慢。华为认为，改用容量更大的七号信令，更加符合中国人口众多的国情，这里应该可以成为破局点。

一旦确定了攻击方向，华为高效的研发机器就迅速运转起来。

华为研发遵循压强原则，也就是集中优势兵力攻其一点，“伤其十指不如断其一指”，集中所有的资源投入某个领域，强力突破形成局部优势地位，然后逐步扩大，确立全面优势。开发C&C08的猛将，曾担任交换机业务部总监的张云飞被派到北京研究所担任副所长，他抽调中研部的精兵强将与北京研究所“洗沙子”的骨干组建联合开发团队，向接入服务器发起冲锋。

不到一年，华为推出了自己的接入服务器：A8010服务器。该产品正如思科当年的多协议路由器一样，诞生于风云际会之间，必将一飞冲天。

互联网业务出来后被称作“宽带”，而原先的电信业务就被称为“窄带”，宽带运营商其实就是原先的电信运营商，但是他们都遇到了难以从宽带业务中获利的问题。无法获利，宽带业务就难以推进。

华为为此提出了“宽窄带一体化”“建设可运营、可管理”“可增值、可盈利”的“宽带城域网”的方案，并在数据通信产品设计研发上体现了宽窄带一体的网络管理，计费捆绑，以及多种按流量、按时长的带宽计费方式等，供运营商可实施针对上网用户的多种运营方式。这种商业模式的设计是很大的突破，解决了运营商如何从互联网上获利的问题，成为中国互联网发展的助推器。

1997—1999年间，中国的互联网用户急剧增长。各地电信部门纷纷扩容接入服务器设备。思科的接入服务器容量太小，无法满足需求，华为的A8010服务器正好填补了市场需求的空白。1999年原信息产业部传输所在制定标准时，将华为的接入服务器的规格变成了国家标准。

此后，思科被迫应招，也推出支持七号信令的接入服务器，但中国电信市场的设备建设黄金期已过，华为已经握住了幂律法则的刀柄。

华为重新定义在中国市场上的数据通信产品的游戏规则，充分打产品差异化概念，使基于华为的“可增值、可盈利”宽带解决方案深入人心。游戏规则改变后，思科产品的技术优势烟消云散，中国的数据通信市场变成了华为的主场，思科惨遭反杀。

一年之内，华为就抢到了中国新增接入服务器市场的70%。最终占据了接入网市场80%的份额，而思科的份额从90%跌到10%左右。

以接入服务器为契机，华为不仅使得当时主营的程控交换机业务如虎添翼，攻占了国内绝大部分市场，还开始延伸到路由器、以太网等主流数据通信产品，进一步挑战思科的地位。2002年，思科在中国的互联网核心路由器的市场份额开始下滑，华为的路由器产品则开始以100%的增长率大举进攻，在重大新建项目上，华为胜多负少。

华为推出其A8010接入服务器之前，中国的接入网市场一直被思科所垄断。设备价格为每个上网用户1000美元，设备施工时所使用的扎带为每根1美元，中国网民的上网费曾一度高达一个月上万元。因此那个时候能上网的中国人非富即贵，数量极少。

1999年之后，华为的同类产品设备价格大约只有每用户几百元，扎带随设备免费附送。随后思科不得不跟随降价。为此，业内有人把“思科在你身边，世界由此改变”的广告语戏改为“华为在你身边，思科由此改变”。

对于中国互联网产业来说，A8010接入服务器也是关键性的里程碑。由于华为接入服务器推向市场，全国各地纷纷实现了价格低廉的拨号上网业务，中国网民的数量开始呈指数级高速增长。中国互联网产业的大幕徐徐拉起，马云、马化腾、李彦宏等未来的互联网巨头才有了用武之地。

思科在全球数据通信市场纵横驰骋，所向披靡，唯独在中国市场遭遇了滑铁卢。那时思科总裁钱伯斯心中，就已经对中国的华为公司上了心。

四、即将到来的风暴

随着华为国际化进程的推进，思科感受到的威胁从中国蔓延到全球。经历6年国际市场的摸爬滚打之后，2001年的华为迎来了收获季节。按照华为副总裁徐直军的话说："俄罗斯、亚洲、非洲等新兴市场遍地开花，欧洲、美国市场也终于开花结果。"

在任正非"雄赳赳、气昂昂，跨过太平洋"的口号下，信心大增的华为开始大举进攻美国的数据通信市场。华为公司被美国《财富》杂志比喻为"中国的思科"。

对于思科来说，中国只是一个份额很小的新兴市场，就算全丢了也不可惜（后来的全球电商霸主亚马逊，一开始也是低估了中国市场的重要性，后来再想反击已经迟了）。但是美国本土是其大本营，而且在全球数据产品市场中，美国市场占到了30%，是最重要的一块市场，无论如何不容有失。

2002年6月，在美国亚特兰大举行的电信设备展，是华为全系列数据通信产品在美国市场的首次正式亮相。

华为展示的数据产品，其性能与思科产品相当，但价格却比对手低20%到50%。华为毫不掩饰它对思科份额的羡慕，它在美国媒体上刊登的广告，具有强烈针对性和暗示意味："它们唯一的不同就是价格。"

展览结束后，华为的数据产品在美国市场的销售迅速打开局面。2002年，华为的美国市场销售比上年度增长了将近70%。同样在6月，华为美国公司Futurewei成立；华为与思科的宿敌3Com正式接触，开始成立合资公司的谈判。

2002年，虽然思科在全球网络设备市场的霸主地位仍未动摇，但其销售额和市场占有率却出现了首次下滑。2002年秋，在巴西举行的招标中，华为的数据产品再次脱颖而出，拿到了400万美元的订单。第二天，思科负责招标的经理就被公司扫地出门。

亚特兰大展会是一个关键节点。从那时起，思科已经将华为视作能够威胁自己地位的战略级对手，务求一出手就是雷霆万钧，一击必杀。

在亚特兰大展览上，思科总裁钱伯斯低调地亲自光顾了华为展台，驻足时间并不长，随即匆匆离开。

此次展览结束后，思科迅速在公司内成立了名为"打击华为"的工作小组，其内部网上设立专门主页，供其全球员工讨论如何打击华为，并开始为诉讼做准备。

3Com的CEO布鲁斯·克拉弗林后来回忆说："那个时候，思科公司的高层人士已经表示要对华为公司'下手'，他们曾在多个公开的场合表示，有可能在美国起诉华为公司。"

第十六章

华为与思科的世纪专利大战

一、专利诉讼的胜地

2018年底，应美国政府要求，加拿大扣押中国华为公司高管孟晚舟，引发举世哗然的“孟晚舟事件”，使得美国对于华为公司的忌惮，毫无掩饰地呈现在全世界面前。

草蛇灰线，伏脉千里。

这一系列事件的源头，要追溯到十六年前，华为与思科之间的那场世纪专利大战。

2002年12月中旬，思科全球副总裁来到华为深圳总部，正式提出了华为侵犯思科知识产权的问题，由此拉开了“思科vs华为”专利诉讼的大幕。

2003年1月24日，在美国得克萨斯东区联邦法庭，思科正式提交对华为软件和专利侵权的诉讼。

魔鬼隐藏在细节中。为何思科不在其总部所在地硅谷进行起诉，而要千里迢迢跑到得州东部呢？

熟悉美国专利行业的人都知道，得州东区联邦法庭是美国知识产权诉讼的首选地，因为这个法庭历来有偏向专利权人的传统，美国商界人士无不闻“E.D.Tex.”（得州东区联邦法庭的缩写）色变。

如果你以为得州东区都是高科技公司，因此由此处居民组成的陪审团深知知识产权的重要性，倾向于维护专利权人的利益，你就大错特错了。

得州东区的陪审团成员主要生活在小城市和郊区，并无高科技企业员工，对专利技术了解不多，受教育程度比较低，而且老龄人口偏多。同时，由于当地人口不多，陪审团成员与当地律师非常熟悉；由于受教育程度比较低，缺乏相应的知识背景。

得州东区的陪审团倾向于将专利权看成不动产，侵犯专利权看成是非法入侵，专利无效的抗辩则理解为所有权瑕疵。得州东区陪审团更倾向于相信美国政府，相信美国专利商标局颁发的专利证书，对大公司尤其是外国公司持怀疑态度。

受到这些因素的影响，在得州东区联邦法庭专利侵权诉讼的胜率高而且赔偿额大。美国有学者评论说得州东区的陪审团不仅亲专利，而且是专利权人最好的朋友。特别是当美国公司起诉外国公司专利侵权时，对于外国公司尤其不利。

这是一种美国特色的“乡土爱国主义”，是从19世纪美国挑战大英帝国时流传下来的悠久传统。

近些年来，俗称“专利流氓（Patent Troll）”的NPE（非执业实体）大都选择这一法庭向大公司发起专利诉讼，索要高额专利赔偿费。不幸沦为“肥羊”的美国公司，每年总计需要支付上千亿美元的专利诉讼赔偿款。连微软、苹果、谷歌这样的美国本土大公司，也未能幸免。

什么是NPE？就是拥有大量专利，但是自己不实施的公司，专门依靠专利诉讼来牟利。如果把实业公司比作肥羊，那么NPE就是饿狼。这种行为与大航海时代的海盗有一定的相似性，因此他们也被称为“专利海盗”。

从积极角度看，维持一定数量的饿狼存在，能够促进肥羊多做运动（提升自身的专利实力），有利于肥羊的健康。但是从消极角度看，即使是正常守法经营的大公司也是防不胜防，不得不付出大量精力和成本来应对NPE的进攻。

2013年BBC的报道称，美国的专利案件，无论难易程度都要花费600万到1200万美元。很多中小型公司遭遇专利诉讼，甚至会直接被拖垮，大都在接到传票时就乖乖束手投降，消财免灾。这种行为，又进一步助长了专利流氓们上门敲诈“保护费”的嚣张气焰。

硅谷的高科技企业尤其是软件行业，深受专利流氓之苦，这些公司的员工如果担任陪审团成员，可能会更同情被告而不会支持专利权人。美国国家公共电台曾经报道：如果你和硅谷的科技人员聊起专利话题，你会发现他们几乎都在哀号。

一组数据可以说明得州东区联邦法庭的地位。2015年上半年，全美专利一审案件收案3122件。其中，得州东区联邦法庭专利诉讼案件1387件，达到全美一审专利案件的44.4%，是排名第二的特拉华州联邦地区法庭（254件，占比8.13%）的5.46倍。

得州东区联邦法庭所在地为马歇尔市，专利诉讼成为推动该市发展的经济引擎。美国专利律师到了马歇尔，就好比软件工程师到了硅谷，到处都是工作机会，因此这里成为专利律师心目中的圣地。为了能够在马歇尔市提起诉讼，制造管辖连接点，大量的NPE在马歇尔市租赁办公室，设置空壳公司。蜂拥而来的专利律师以及相关工作人员，刺激了当地的住宿、餐饮以及房地产业的繁荣。

各方当事人想尽一切办法，讨好马歇尔市的陪审团，以便能在诉讼中取得有利地位。

二、风暴旋涡中的华为

思科当时提交法庭的诉状长达77页，包括了20多项罪名，几乎涵盖了知识产权诉讼的所有领域。其中包括了指控华为在多款路由器和交换机中盗用了其源代码，使得产品连瑕疵都存在雷同；指控还包括路由器和交换机命令接口等软件侵犯了思科拥有的至少5项专利。

思科副总访问华为深圳总部后，华为方面曾寄希望于双方达成和解，很快开始对涉嫌侵权的产品部分软件进行修改，并将已卖出的涉嫌侵权的路由器产品从美国市场撤回。没想到这一示好举动，被对方判断为心虚和懦弱，迅速提出了专利诉讼。

这一诉讼对于华为可能造成十分严重的负面影响。一旦思科胜诉，华为不但长时间无法进入美国市场，而且多年开拓的国际市场将全面陷入困境。华为被思科告倒，将很有可能成为华为国际化布局崩盘的多米诺骨牌中倒下的第一张。

那一年大年三十的晚上，举国都在观看春晚，欢度除夕。华为的核心管理团队则坐在会议室里，开会讨论如何应对思科的诉讼，会场气氛十分紧张凝重，从晚上八点开始一直讨论到大年初一早上。参与讨论的华为高层甚至不失疯狂地为这场官司“出招”：将整个源代码公开，供业界共享！这当然是鱼死网破的下下策。

任正非认为，“打得一拳开，免得百拳来”，寄望于和解和退让，不可能让思科满意，反而会让华为更加被动。华为最后定下的方针是：“敢打才能和，小输就是赢。”

蓄谋已久的思科发起诉讼的目的，根本不是达成和解并获取赔偿，而是通过诉讼打击华为在市场上的竞争力，遏止华为的增长势头，使华为的产品全面退出美国市场，并阻止华为与思科的死对头3Com的合资谈判。

如果有可能的话，思科甚至企图彻底封杀华为的生存空间，一劳永逸地消灭这一心腹大患。

亚特兰大通信设备展览尚未结束，美国方面就有人开始怀疑华为的技术背景。在一家行业网站上，有人将华为与思科产品进行了比较，发现在外观、产品编号、功能上，两家公司的产品极为相似，思科培训过用户的工程师，不用再培训就可以直接使用华为的产品。

一位美国的分析人士称，多年以来，即使不留意的观察也能发现华为的路由器产品与思科的型号及技术特征都有类似。思科则表示，在华为的软件中发现了自己的软件中存在的缺陷。

各种迹象表明，思科这场专利诉讼经过精心准备，计划周密，务求一击必杀。

诉讼时间点选在中国公司在春节前的最后一个工作日，这就如同中国公司在圣诞假期前挑起针对美国公司的诉讼一样，目的是令对方难以应对。任正非评价道：“这是思科送给华为的一个意外的春节礼物。”在诉讼之前，思科公布了一项在全球投放1.5亿美元的广告计划，这一公关色彩明显的举动更让思科掌握了主动。

那么问题来了，华为到底有没有抄袭思科的产品呢？

事实上，借鉴是有的，但是抄袭谈不上，而且抄也无从抄起。

路由器的主要功能，就是通过专用芯片实现不同通信协议的相互转换。在没有公开源代码的情况下，从外部根本无从猜测芯片内部算法是如何实现的。

在路由器的命名上，考虑到思科的系列命名已经家喻户晓，为方便用户购买，华为采用了和思科产品系列编号完全一样的编号。在用户设置和管理界面上也是使用和思科一样的命令格式，这样用户不用培训，只要会用思科路由器的用户就都会使用华为的路由器，降低用户的转换成本。但在内部实现上，确实是北京研究所的研发人员一行一行敲出来的代码。

华为不知道思科路由器的实现算法，思科也无法判断华为的路由器具体是如何实现的，只从外部表现的相似性推测对方有罪，华为必须自证清白。举证责任倒置，也是ICT行业专利诉讼的一大特点。

华为的做法，如果放到今天确实涉嫌侵权。随着信息技术进一步向纵深发展，GUI①对于用户体验越来越重要，也越来越成为产品竞争力的组成部分，被专利法纳入保护范畴。但是在2003年，无论中国还是美国，对于GUI的保护都缺乏相关规定，如果仅是用户设置和管理界面相同，不违反专利法的任何一条。

华为路由器初期的糟糕表现，也从侧面证明了华为没有侵权——华为的研发人员依靠在互联网上勤学好问，捧着软件开发“大全”“秘籍”之类的书啃，将一行行路由器的软件代码搞出来，变成能够上网的设备，并

① GUI（Graphical User Interface，图形用户界面的简称，又称图形用户接口），是指采用图形方式显示的计算机操作用户界面。

成功推向市场。但是推向市场后，却发生了很多意想不到的技术问题，今天这个问题解决了，明天那个问题又冒出来，工程师们每天忙着加班，四处救火。

用电信局客户的话来描述：一定要来一名高手，在机房里待上两天，要从不同角度搜集大量信息，再加上一点儿灵感，才能把问题的范围圈出来，还要搞上一个模拟机，测上两天才能定位一个问题。

当时华为的软件开发还是典型的“游击战”打法，跟思科这种国际大厂没法比。不需要任何流程，没有任何质量体系，除了写代码、测试以外，什么都不要，非常自由，“管理是啰唆，流程是麻烦”。结果大家没有时间一次把软件做好，却在产品上市后坐着飞机，一遍遍地重写程序。

1999年底，北京研究所协议软件部经理王晓东特地去印度取经，希望能够找到印度IT高手重写路由器核心代码。当时印度的软件行业比中国发达得多，王晓东大开眼界，第一次知道什么叫CMM（软件开发能力成熟度模型）。王晓东从印度回国后，带了700多本书，在北研所掀起了学习CMM的热潮。在印度完成重写路由器核心软件代码的工作以及在研发系统采取了CMM规范后，华为的路由器产品才实现性能稳定。

诉讼一开始，华为在舆论方面就陷入极为被动的局面。

当时在美国舆论中听不到华为的声音，没有人相信华为是清白的。在美国公众眼里，中国公司根本不可能制造出高科技产品，即使有也一定是依靠侵权起家的。这种根深蒂固的观念，使得美国舆论几乎一致认定华为窃取了思科的东西。在官司一开始，美国几家最著名的财经媒体就已经单方面在舆论上宣判华为侵权。由于美国采用陪审团制度，陪审团成员一般都是非专业背景人士，这种舆论氛围对于华为极为不利。

美国媒体甚至怀疑华为具有军方背景，依靠间谍手段获得思科的技术秘密。他们认为一个年收入数十亿美元的公司没有上市，一定有不可告人的股权安排。直到今天，美国媒体仍然在华为是否有军方背景上大做文章。

与今天的中国舆论界普遍支持华为不同，当时思科不仅在美国得到了强大的舆论声援，在中国舆论场也是占据上风。在诉讼初期，中国的知名媒体基本明显站在思科的立场上。

这与华为长期低调不无关系。在任正非看来，公司没有上市，公司上税、守法、对客户和员工负责就可以了，华为不需要抛头露面，针对外界的各种说法华为也从不解释。因此华为没有什么媒体关系，华为针对这场诉讼案的声明，几乎是有史以来第一次主动给中国媒体发布声明。社会公众对它印象也不好，仿佛华为就是一个疯狂加班的血汗工厂。

相对于华为这个舆论门外汉，思科却是影响舆论导向的高手。

每当媒体或者法庭有对华为不利的消息，思科在全球的近百位新闻发言人都会第一时间将其公布给其他媒体，它的客户经理也会以最快的速度告知给全球客户，并威胁他们不要购买华为的产品，否则可能会带来连带赔偿的麻烦。2003年正是华为拓展欧美市场的关键时刻，很多欧美客户因此暂停了与华为的项目。

与此同时，李一男的港湾网络公司拿着大笔资金，疯狂从华为挖角，套取技术机密。华为人心浮动，骨干大量流失。

华为陷入严重的内忧外患，公司处于崩溃的边缘。

思科总裁钱伯斯出手果然凌厉霸道，务求置华为于死地！

这是华为历史上的至暗时刻。任正非心灰意冷，打算把华为卖给摩托罗拉，就是发生在这一时期。任正非已经做了最坏的打算，给华为“戴上牛仔帽”，给它披上美国公司的外衣，先保得公司的性命，然后再从长计议。

三、将火药点燃的火柴

危机之中的华为得不到任何外援，一切只能靠华为自救!

华为成立了由数位副总裁领导，知识产权、法律、数据产品研发、市场、公关等部门参与的“应讼团队”。

华为制定的应对方针有三个方面：一是法律应对的方法策略；二是按照美国人的方式做事情；三是官司涉及中美两国最知名的两家公司，舆论传媒领域的战斗也是重点。

前文所提到的任正非的“萧何”，如今已经是华为副总裁的郭平，临危受命，成为应诉团队的总指挥。

除诉讼外，他还是公关宣传及与3Com谈判的总负责人。他离深赴美时走得如此匆忙，以至于随行只带了两件衬衫。没想到这一去，在美国一待就是半年。

拯救华为公司的千钧重担，就落在了这个坚毅的男人肩上。

郭平赴美后的第一个动作，就是替换公关公司。华为在美国原本有一家公关公司，但是经调查发现，思科同时也是这家公关公司的广告客户。

这样的公司怎么可能尽全力替华为办事？

郭平找到与思科没有利益往来，且擅长危机公关的爱德曼公司。令人沮丧的是，爱德曼公司同样对华为存在偏见，怀疑他们的确侵犯了思科的知识产权。两家代理华为诉讼的律师事务所也持有同样的态度。

郭平亲自去公关公司，告诉他们什么是真实的华为。接着，又把律师团队请到中国，让他们参观华为的研发基地，讲解华为的技术实力。

众所周知，华盛顿的决策往往被游说公司所左右，这是美国的游戏规则。华为雇用一家由美国退休高官成立的游说公司，努力消除美国政府和业界对华为所谓“军方背景”的误解，并让他们了解思科是在通过诉讼来阻止竞争。

2003年3月在美国和德国举行的两场电信设备展，华为本来没有计划参展。但是现在以正面、积极的形象和姿态出现在这样的国际场合，对华为来说显得非常必要。华为临时决定参展，向客户展示华为的正面形象，以及对国际市场的决心。

在公关公司的帮助下，华为与《财富》《华尔街日报》等媒体记者主动沟通。当对方听到从1998年开始，华为就请国际一流咨询公司为自己做财务、研发流程、审计等服务时，对这家公司有了新的认识。

这些媒体记者去采访曾与华为合作过的普华永道、摩托罗拉、IBM等美国大公司，当他们得知，这些美国大公司的员工对于华为充满敬意后，慢慢扭转了对华为的刻板印象。

在一片敌意声中，华为并不是完全孤立无援。

2003年1月，当思科给经销华为产品的英国代理商发函，要求其停止代理华为产品时，遭到了对方的强硬回应：“思科对我们和华为的所作所为是毫无根据的，华为从未窃取思科的技术，思科的表现只能说明其对竞争的恐惧。”这位经销商甚至称，要向欧盟及英国政府投诉思科。

这些零星的支持，在思科的强大攻势面前显得相当软弱，但其中透露出一个重要信号：在思科利用幂律法则的霸道扩张之下，“天下苦思科久矣”。全球互联网行业，甚至包括美国本土被思科压制的那些同行们，到处蕴藏着反抗思科的火药。

郭平渐渐发现，反击思科，拯救华为，并不是毫无希望，只是需要找到那根能将火药点燃的火柴。

这场专利诉讼逐渐演变为全方位考验两家公司资源与能力的战役，在由媒体、客户、合作伙伴、技术实力、法律武器组成的各个链条上，战斗全面打响。

在早期的全面进攻攻势过后，思科发现：它所面对的，是一个有着坚韧战斗意志，并能够迅速找到对策的难缠对手，它挑起的诉讼也许并不能给自己带来胜利，甚至有可能成为伤及自身的大麻烦。

代理华为诉讼的首席律师罗勃·哈斯拉姆（Rober Haslam），是美国知识产权诉讼领域的顶级律师，他也是轰动一时的“微软垄断案”的代理律师。律师团全面检查了华为的研发过程和技术实力，开始建议华为在“私有协议”上下功夫，以攻击思科利用“私有协议”搞垄断为策略进行反击。

通信行业具有特殊性，必须采用统一的标准。3GPP标准组织存在的意义，就是各个厂家协商出统一的通信标准。各家公司当然也可以申请各自的专利，形成所谓的标准必要专利（SEP），也就是在实施标准时无法规避的专利。

标准必要专利可能导致向专利被许可人索取不公平、不合理和歧视性的专利许可费，即所谓的“专利挟持”。因此，对于标准必要专利必须采取FRAND原则（公平、合理、不带歧视性）。

2005年，高通公司被多家公司联合起诉，其在WCDMA标准上收取的专利费违反了FRAND原则。华为最近也发出声明，宣布其在5G专利许可活动中严格遵守FRAND原则，不敲诈产业和社会，并倡导其他致力于推动5G技术实施的权利人使专利累计费率比4G更低、更透明。

私有协议是指在国际标准组织实现网络互联互通而制定标准和规范之前，由于某家公司产品先进入市场而形成的标准。私有协议一旦成为事实标准，将会使拥有协议的企业出现垄断行为。

思科诉讼华为侵权的焦点，一是源代码侵权；二是技术文件及命令接口的相似性。思科认为华为在开发这些接口的过程中，采用了思科申请私有协议保护的技术。

思科产品的高市场占有率，使其在几个关键问题上凭借私有协议阻止竞争对手的进入，使其垄断地位在巩固的同时，又保证了高达70%的毛利率。

思科在路由器产品上的私有协议不公开，也不接受其他人付费授权使用。思科正是凭借不公开的私有协议，不断巩固其市场垄断地位。一位美国的电信专家分析说，无论美国还是海外，很多公司都认为，逼近思科的最好方式就是开发类似于思科的命令接口。

思科对于私有协议带来的竞争优势的滥用，明显地违反FRAND原则，于是成为华为反击、争取舆论同情的突破口。

四、漂亮的绝地反击

2003年3月17日，法庭第一次听证会，华为的答辩紧紧围绕私有协议做文章。

华为辩护律师说："作为全球电信网络设备制造企业的领先者，思科害怕与华为竞争，因此发动了'一场散播错误信息的运动'。"

华为通过法庭和传媒，集中攻击思科利用私有协议垄断市场并阻止竞争的做法。华为在随后的声明中称："思科的行为，除了遏制竞争之外别无他图。"

除了在美国本土与思科对抗，华为在诉讼开始后不久，就紧锣密鼓地准备开辟"第二战场"，在中国国内控告思科不正当竞争的垄断行为。

在美国的舆论场，大公司垄断是一种原罪。从19世纪后期开始，美国民间和政府就掀起一轮又一轮的反垄断运动。就在2002年，微软刚刚从反垄断官司中脱身，代价是付出了十几亿美元的天价赔偿。

思科由于与政府关系极佳，因此它造成的垄断明明比微软更严重，却无法进入公众视线。但是这场官司却令美国媒体和公众逐渐认识到，思科是市场的垄断者。舆论开始渐渐变得不利于思科。

接下来的两个重大事件，成为整个官司的转折点。

在辩护律师的引见下，华为将第三方专家，斯坦福大学教授数据通信专家丹尼斯·阿里森（Dennis Allison）请到华为，请他参观研发流程，对思科IOS和华为的VRP平台新旧两个版本进行了对比分析。分析的结果是，华为的VRP平台有200万行源代码，而思科的IOS则用了2000万行，其中华为VRP旧平台中仅有1.9%与思科的私有协议有关。

“200万行的软件，怎么可能去抄袭一个比你大10倍的软件？”专家的有力证词，洗脱了华为侵权的嫌疑，思科的控诉已经没有立足点。

在3月24日第二次答辩前，另一个对华为极为有利、堪称此次诉讼一大转折点的事件被催生了。华为和3Com的合资公司于3月20日宣告成立。这家合资公司共同经营数据通信产品的研究开发、生产和销售业务。

对于思科来说，该合资公司的成立，意味着针对华为的阻击已经化为泡影。得知消息后，思科的执行副总裁查尔斯·吉安卡罗（Charles Giancarlo）表示，他非常恼火，以至于三天不想说话。

6月7日，法庭驳回了思科申请下令禁售华为产品等请求，拒绝了思科提出的禁止华为使用与思科操作软件类似的命令行程序，但又颁布了有限禁令：即华为停止使用有争议的路由器软件源代码、操作界面及在线帮助文件等。

这是一个对双方都可接受的结果。

思科虽然没有达到目标，但至少保住了面子，而且没有被反垄断大棒穷追猛打。对华为的有限禁令颁布后，思科副总裁兼法律总顾问马克·钱德勒（Mark Chandler）就宣告：“这对思科来说是一个重大的胜利。”美国几大媒体也以《思科在对华为的知识产权诉讼中获胜》等标题，庆祝思科的胜利。

对于华为来说，也实现了小输就是赢的预定目标。

市场研究机构高德纳咨询公司的分析师认为，这场诉讼表明华为是一个真正的市场参与者。思科并没有通过这场官司达到在市场上阻击华为的目的。“恰恰相反，官司给华为产品在全球做了一次免费广告。”“当潜在客户听说华为是思科的低价竞争对手时，很可能会考虑与华为合作以节省开支。”

2003年7月，华为生产的路由器和交换机等数据产品，通过3Com公司的销售渠道进入美国市场。官司之初对华为产品充满犹豫和怀疑的欧美客户，又开始继续曾暂停的华为产品订单。即使是思科长期以来的盟友，美国电子数据系统公司（EDS）也在2003年12月与华为签订协议，在美国销售华为3Com合资公司的设备。

之后就是关于和解的技术细节的谈判。2003年10月2日，双方达成初步和解协议，次年7月，最终和解协议达成。

2004年7月28日，华为、思科和后来介入的华为3Com三家公司同时向美国得州东区联邦法庭提出了终止诉讼的申请，这个请求被法官予以批准并立刻生效。这意味着三方均不得再就此案提起诉讼或者以相同事由提起诉讼，从而使历时一年半的思科与华为知识产权官司画上了一个终止符。

与此同时，华为在北京召开媒体见面会，通报专利官司的结果。出现在媒体面前的，不是应诉团队的总指挥郭平而是徐直军。华为迄今仍没有安排这场官司中的一线指挥官郭平接受媒体专访。这符合任正非一贯以来的“英雄观”：“管理层要淡化英雄色彩，实现职业化的流程管理。即使需要一个人去接受鲜花，他也仅仅是代表，而不是真正的英雄。”

法庭签发的中止方式，意味着思科今后不得再就此案提起诉讼或者就相同事由提起诉讼。让思科此后再次面对华为在市场上的破竹之势，却无法再祭起“诉讼”法宝。

于是，思科遏制华为的手段，从法律走向了更广泛的层面。

第十七章 那些杀不死我的，终将使我更强大

一、在思科阴影下茁壮成长

“那些杀不死我的，终将使我更强大。”

华为在与思科的专利官司之后的成长历程，成为这句话最好的注脚。

有人警告思科总裁钱伯斯说：“华为将是思科全球性的噩梦。”钱伯斯深以为然。自官司结束后，钱伯斯仿佛变成了鲁迅笔下的祥林嫂，时刻把华为挂在嘴边，经常向美国公众传播华为是思科的最大竞争对手，渲染华为有多么可怕，是美国国家安全的威胁。

思科对于美国政府的影响力，是微软、亚马逊等大家耳熟能详的美国大公司无法攀比的。

思科总裁钱伯斯不仅入选了克林顿政府的贸易政策委员会，并被克林顿誉为“美国经济乃至全球经济的真正领导者”，而且在小布什执政期间，钱伯斯担任国家基础设施顾问委员会（NIAC）的副主席，负责提供行业经验和指导，以保护美国重要的基础设施。

2006年2月10日，美国进行了一场历史上规模最大的“网络风暴”网络战演习。演习由美国国土安全部指挥，美国国家安全委员会、国务院、国防部、司法部、财政部、国家安全局、联邦调查局、中央情报局等115家政府部门参与，思科是演习的重要设计者之一。

随着思科与华为各自业务的不断拓展，双方竞争的市场领域越来越大，从路由器到企业网，演变为双方的长期全方位竞争。思科公司始终保持着对美国政府举足轻重的影响力，因此华为在美国开展业务总是困难重重，受到各种或明或暗的阻挠。

华为则化压力为动力，在思科阴影的陪伴下茁壮成长。

与思科的这场专利博弈，成为华为从懵懂青年走向成熟的成人礼。对于华为来说，思科不仅仅是商业对手，更是最佳的老师和陪练。

思科为了阻击华为，其周密布置远远超出了技术和商业的范畴，从法律、公共舆论、商业谈判、并购等各个方面都进行了部署，给刚踏上国际化征途，还浑身上下冒着土气的华为，好好地上了一课。

华为经历严峻考验，劫后余生不由得阵阵后怕，认识到自身与头号强国一流玩家之间的巨大差距。华为是一个很善于向他人尤其是竞争对手学习的公司。此后，华为开始了发奋学习、努力赶超之旅。

在此之前，华为虽然也有知识产权部，但是对于专利的重要性以及如何进行专利运营、如何利用专利在商业竞争中发挥作用，认识非常浅显。思科作为一个好老师，给华为补了价值连城的一课。

华为在专利诉讼实战中涉险过关，痛定思痛，此后大力加强知识产权的建设。

笔者当年所在的专利公司作为华为的战略合作伙伴，深度参与了华为知识产权部的建设，此后华为的专利申请逐年递增，构建专利发展战略，进行有意识的专利布局、专利运营、专利许可、交叉授权、围绕专利的商业谈判，无效及侵权诉讼，华为运用得也越来越熟练。

后来华为跟爱立信的一系列专利官司，笔者也参与其中。华为跟爱立信打得有来有往，旗鼓相当，显露出一流跨国公司应有的实力。

对于更加宏观的企业战略来说，这场官司也影响深远。经此一役，华为深刻认识到合纵连横建立产业联盟的重要性。

华为虽然没有像思科那样走向激进收购的道路，但相当程度上学习吸收了思科的运营经验。鉴于思科在数据通信领域仍然占据领先地位，华为此后在互联网领域通过协作、合资、合作等产业链整合的方式，打造遍及全球的联合舰队，合力对抗思科。

与思科通过并购增强实力不同，华为更多的是进行互利共赢的技术合作，共同开发，既达到了增强自身实力的目的，又获得了一批盟友。这些盟友为华为扩展海外市场，获得当地的支持，提供了有力的支援。

面对思科的围追堵截，华为的策略是以退为进，由盟友冲上前线与思科周旋，自身则暂时脱离与思科直接竞争的战场，继续夯实主营业务，积蓄实力。2005年7月，任正非发表了题为《华为与对手做朋友，海外不打价格战》的讲话，为这一联盟策略定下基调。

> 我们把竞争对手称为友商，我们的友商是阿尔卡特、西门子、爱立信和摩托罗拉等……
>
> 2000年IT泡沫破灭后，整个通信行业的发展趋于理性，未来几年的年增长率不会超过4%。华为要快速增长就意味着要从友商手里夺取份额，这就直接威胁到友商的生存和发展，可能在国际市场到处树敌，甚至遭到群起而攻之的处境。……宁愿放弃一些市场，一些利益，也要与友商合作，成为伙伴，共同创造良好的生存空间，共享价值链的利益。

这些年，我们一直跟国际同行在诸多领域携手合作，通过合作取得共赢、分享成功，实现“和而不同”。和谐以共生共长，不同以相辅相成，这是东方古代的智慧。华为将建立广泛的利益共同体，长期合作，相互依存，共同发展……

在海外市场的拓展上，我们强调不打价格战，要与友商共存共赢，不扰乱市场，以免西方公司群起而攻之。

数据通信产品的市场大体分为企业网市场和运营商市场。一定规模以上的企业都会建立企业内部的通信网络，用于企业的信息化（企业内部计算机联网、收发邮件等应用），这个市场在全球范围内总的应用量甚至高于运营商的采购量。

华为此前开拓的主要是运营商市场，对于企业网市场的积累还很薄弱。企业网的利润率更高，是思科更加看重的奶酪。华为自己将重点放在运营商市场，企业网市场的开拓交给合作伙伴。

华为与3Com公司合资成立的华三公司，就是与思科周旋的一步妙棋。3Com数据通信网络设备的研发与销售主要在美国，3Com在中国的研发与销售主要由合资公司负责。后来3Com逐渐空壳化，研发实力都集中在合资公司，而其核心研发团队大都是原华为员工。

在欧洲华为也是如法炮制。华为2004年正式与曾经的老对手西门子达成协议，通过给西门子做OEM，向西门子提供数据通信产品。华为的数据通信产品穿上西门子的“马甲”在欧洲销售，这里可是德国人的主场，思科无计可施。

在欧洲的一些展会上，华为甚至和西门子的员工一起参展，西门子以华为的技术作为其技术支撑而骄傲，而华为则以在欧洲能和西门子这样的百年品牌合作而自豪。昔日曾在中国的交换机市场上打得难解难分的老对手，在数据通信市场上却牵起了手。

此外，华为还与日本的NEC公司、美国的赛门铁克公司、德国英飞凌公司分别成立了合资公司，进一步开拓了市场，扩充了技术实力。

华为的这些动作，思科当然看在眼里，但是却无法拿出有效的反制措施，因为如果动用非市场手段打压这些产品，就会连带把相关公司也得罪了，思科也不得不有所忌惮。华为通过商业上的合纵连横，形成了反思科包围网。

当年思科通过大肆兼并，集合整个硅谷的互联网硬件创业集群，对其他公司进行降维打击，如今变成了华为及其遍布世界各地的盟友的联盟网络，对思科单体的降维打击。

这可真是如同慕容复的成名绝技“斗转星移”：以彼之道，还施彼身!

二、从战略相持到战略反攻

2007年，思科CEO钱伯斯来华访问，被问及对手时，他直言不讳，最忌惮的对手就是华为。在过去的几年里，华三公司在中国市场给思科带来了不小的障碍。

2009年之后，华为不再假借华三公司这张皮来拓展企业网业务，将其卖给了惠普，华为自身加速向企业市场拓展。于是，华为与思科这两家多年宿敌之间的较量，变得日趋激烈。

2011年，华为进一步明确了未来的发展思路，从电信市场向企业级、消费者市场拓展。华为招兵买马，扩军企业业务BG，重新与思科进行贴身肉搏。

企业网业务正是思科的核心奶酪。创立已经二十多年的思科，已经丧失了初期那种锐气，被熵增定律所左右，逐渐变得暮气沉沉，显露出“创新者窘境”。

2006年，思科提出“人性化网络”的口号，表明思科的高层看到了未来的消费者变化趋势，甚至也进行了战略部署，包括收购，走向多元化之路，但尝试的规模都很小。即使到今天，思科仍以传统的企业网络设备作为现金收益来源，难以走出第一曲线，表明其已经深陷固有价值网束缚之中。

反观华为，以耗散结构作为企业的底层世界观，企业上下时刻保持着新陈代谢，尽管企业规模已经十分庞大，仍然进取心十足，不断开疆扩土，保持着高速增长。

当年思科与华为较量时，思科如同大象，华为就像一只小老鼠，只能招架防御。时过境迁，此时的华为已经成长为一个与思科同等量级的对手。思科不得不打起全部精神对付华为。

华为经过多年战略相持之后，在2012年转入战略反攻。

2012年3月，在华为被禁止参与NBN①项目投标时，钱伯斯拒绝就困扰华为的安全问题做评论，然而，他却提供了一个相对不太直接的回应，“华为有信任问题”，并认为澳大利亚禁止华为参加NBN项目“有意思”。

大家是否眼熟？如今美国要求遏制华为，澳大利亚也是急先锋。思科在其中起的作用才是“有意思”。NBN排除华为之后，自然最大的赢家就是思科。后果却显现出来，澳大利亚的NBN是出了名的又贵又难用，而且建设进度奇慢无比，澳大利亚各种华人论坛上对于NBN的吐槽花样百出。即便是最乐观的估计，也需要到2020年左右才可以实现全国范围的初步覆盖。而到那时，中国的5G网络已经如火如荼地部署了。

华为基于多年的积累，在企业市场的冲击也来得极为迅猛。2012年5月6日，在美国拉斯维加斯举办的网络通信展览会上，华为的展台就矗立在思科的对面，打起了擂台。华为展出的云引擎CloudEngine 12800核心交换机产品线甚至把思科这个对手震撼了，“思科很多人来华为展台看这个产品”。

① NBN：澳大利亚的国家宽带计划。

思科起家依靠金融并购，固然成长迅速，但也奠定了企业的组织心智是急功近利型，在信息技术不断演进的漫漫征途中，缺乏持续创新引擎，逐渐被后劲十足的华为落在后面，无法在市场竞争中获得上风，不得不越来越频繁地动用非市场力量打击对手。

三、思科“助攻”，华为席卷欧洲

思科诉华为，对于全球通信行业都是一个有巨大冲击力的标志性事件。全球数据通信巨头思科居然使出浑身解数对付一家不太知名的中国公司，就已经够让人震撼的了，更让人震撼的是最后双方居然平局收场。

思科相当于给华为做了个广告，华为成为通信领域的一颗闪耀的新星，此前久攻不下的欧洲市场，终于向华为敞开了大门。

2005年，华为在英国市场实现里程碑式的突破——成功通过英国电信（BT）的严格认证，进入英国电信价值百亿英镑的21世纪网络改造和建设大单“优先供应商短名单”。这也是华为首次突破欧美主流市场的标志性事件。获得BT项目的意义在于迎来全新发展契机，从此华为具备服务国际大客户的能力，并在欧洲站稳脚跟。这在华为国际化进程中有着重大意义。

2006年，英国另一家电信运营商沃达丰谋求跨国发展，但是在西班牙竞争不过当地龙头企业西班牙电信公司（Telefonica），它想起了华为有分布式基站的独门绝活，想借助华为分布式基站绝地反击。华为建设的沃达丰接入网，技术指标超过西班牙电信公司，华为分布式基站一战成名。2007年，华为的分布式基站斩获一连串大单。

2007年，正是3G到4G更新换代的关口。华为面临一个重要的路径选择：4G基站应当怎么做？继续沿着分布式基站的道路走下去，还是跟竞争对手爱立信保持一致？

在征询华为内部意见时，无线业务总裁余承东遭遇众多反对声，因为第四代基站成本会升高1.5倍，还有很多技术风险无法克服，分布式架构是否能适应4G通信的要求，谁心里都没有谱。如此大规模的投入，一旦达不到市场预期，可能几年都翻不了身。

最后，还是余承东一锤定音："必须做，不做就永远超不过爱立信。"

2007年，华为第四代基站SingleRAN一问世，就技惊四座。相对于竞争对手，华为SingleRAN技术优势太明显。部署一个基站，爱立信需要插12块板，而华为只需插3块板，部署和维护成本大幅降低。

这次技术突破，一举奠定了华为无线的优势地位。从此，华为无线军团一路高歌猛进，四面出击，最后全面占领欧洲市场。2010年之前，华为无线历经多年艰苦奋斗，在西欧市场仅获得9%的份额。但在2012年之后，华为的市场份额飙升至33%，高居欧洲第一。随着无线业务突飞猛进的发展，华为在欧洲的品牌形象也建立起来，并为其他业务在欧洲的拓展奠定了基础。

为何美国要求欧洲拒绝华为，但是欧洲各国难以照办？如今的欧洲ICT市场，从云存储到电信设备，再到网络安全，华为的业务涉及方方面面。其运行之流畅，业务之全面，让人们难以拒绝。

早在十几年前，华为与合作伙伴建立利益共同体，就已经为此事做了相当的铺垫。这些合作伙伴中，甚至包括原先的竞争对手。

在大家印象中，英国一向是美国的追随者，但是为何英国的反对声音最大？根源还在于，英国电信和沃达丰从十几年前就已经成为华为两大重要战略伙伴。

英国电信是英国的国营电信公司。2019年1月，英国电信获准进入中国，进一步加强与中国的利益捆绑。沃达丰依靠华为的设备获得竞争优势，更是华为的铁粉。美国要求欧洲各国禁用华为时，沃达丰第一个反对。沃达丰不仅不禁华为，反而高调宣布将在7月份部署5G网络，主要硬件设备都来自华为。

第十八章 伟大的博弈：从3G到4G

一、华为的“备胎”一夜转正

从思科和华为的官司开始，在经历了长达十六年的暗战之后，美国政府终于从幕后走向台前，以国家力量阻击华为。

美国当地时间2019年5月16日，美国总统特朗普签署行政令，以“科技网络安全”为由，要求美国进入紧急状态，并向美国商务部赋权，允许后者禁止美国公司购买“外国敌人”生产的电信设备、技术。此举被美媒解读为，为禁止美企与华为的业务往来铺平道路。

紧随其后，美国商务部表示，计划将华为及其70个分支机构列入“实体清单”——也就是2016年3月中兴遭受的那份所谓“贸易黑名单”。

外界纷纷猜测，华为也会如同中兴那样，在极限打压面前陷入休克状态，并最终向美国屈服。然而任正非强硬回应，华为不会被华盛顿方面所左右，“我们不会像中兴那样，在美国的要求下改变我们的管理层，也不会接受监督”。

任正非的底气从哪里来？华为心声社区（华为的内部员工论坛）转发华为海思总裁何庭波致员工的一封信，给了大家答案。

原来，华为对于这一天的到来早有备案。何庭波的信中提道：

> 多年前，还是云淡风轻的季节，公司做出了极限生存的假设，预计有一天，所有美国的先进芯片和技术将不可获得，而华为仍将持续为客户服务。为了这个以为永远不会发生的假设，数千海思儿女，走上了科技史上最为悲壮的长征，为公司的生存打造“备胎”。数千个日夜中，我们星夜兼程，艰苦前行。华为的产品领域是如此广阔，所用技术与器件是如此多元，面对数以千计的科技难题，我们无数次失败过，困惑过，但是从来没有放弃过。
>
> ……
>
> 今天，是历史的选择，所有我们曾经打造的“备胎”，一夜之间全部转正！多年心血，在一夜之间兑现为公司对于客户持续服务的承诺。是的，这些努力，已经连成一片，挽狂澜于既倒，确保了公司大部分产品的战略安全，大部分产品的连续供应！今天，这个至暗的日子，是每一位海思的平凡儿女成为时代英雄的日子！

一家商业公司，居然有勇气跟美国政府叫板，是因为它拥有足够的深谋远虑，在若干年前就开始“备战备荒”，为将来危机做准备。这种大尺度的战略思想的确令人惊叹。但是对于任正非来说，这一宏大战略格局由来已久。

1994年，华为刚刚走过破局点，任正非就说到“三分天下华为有其一”。1995年在《目前的形势和我们的任务》中，任正非提道：

> 没有自己的科技支撑体系，工业独立是一句空话。没有独立的民族工业，就没有民族的独立……
>
> 一个国家拥有的高科技实力，不仅仅能在市场上获得巨大利益，而且是国家综合国力的象征。没有高科技，就像没有军队一样软弱无力。
>
> 公司要求每一个员工热爱自己的祖国，热爱我们这个多灾多难、刚刚开始振兴的民族。只有背负着他们的希望，才可能进行艰苦的搏击，而无怨言。

21世纪初，华为遭遇了国际巨头思科的打压。任正非确立了“土地换和平”的基调，避免被群起而攻之，与世界各地友商互惠合作，建立反思科联盟。

2008年全球金融危机发生后，任正非发表《理解国家，做好自己》的讲话，明确提出“全球化是一场‘绞杀战’”，并指出随着通信技术的进一步发展，竞争强度会极大加强，华为与其他国际巨头迟早会走到刺刀见红的“绞杀战”式残酷竞争的地步。在这篇讲话中，任正非还预言美国看到经济全球化对自身不利，会退向贸易保护主义。

2009年，任正非指出，电子工业既是国家实力的基础，也是工业行业中竞争最充分的行业，因为生产要素是取之不尽用之不竭的数码和沙子，需求却不能无限增长，华为要“深淘滩，低作堰”。“深淘滩”的意思是以客户为中心，不断增强自身实力；“低作堰”是让利给客户以及价值链上的合作伙伴，建立广泛的利益联盟。在这一年，任正非已经充分预见未来残酷的产业竞争，并制定了应对的战略方针。

2013年他在《最好的防御就是进攻》中表明，华为的目标就是充分学习美国的优秀经验，用最先进的工具做最先进的产品，击败美国垄断的大公司，“把天下打下来，就可以赚更多的钱”。同时，华为已经形成了进一步增强战斗力的战术方法，就是内部的红军蓝军对抗机制，通过不断自我对抗来克服熵增，加速进化。

这篇讲话的最后，任正非豪气地宣称，“不要在乎一城一地的得失，我们要的是整个世界，总有一天我们会反攻进入美国”。

宏伟的使命，高超的战略，最终还是要通过战术动作落地，才能成为现实，而且这一过程中也并不是一帆风顺，而是充满了艰难与曲折，甚至会遭遇重大的挫败与绝望。

华为真正在国际上确立重要地位，是在4G时代发生的。这一方面当然归功于华为自身艰苦卓绝的努力；另一方面也在于中国通信产业在4G时代逐渐争夺到话语权。华为趁势而上，竞争态势越来越有利，并在5G时代获得了领先地位。

因此，要了解华为如何走到今天这一步，需要先从中国如何争夺4G话语权开始讲起。要说4G，又不得不回溯到3G，因为转折的契机在3G时代就已经埋下了。

二、负重前行的中国移动

前文说到，3G时代，中国终于从美欧通信标准博弈大战的旁观者变成了参与者，通信标准博弈从此从“美欧争霸”变成中美欧“三国杀”。

中国虽然是牌局中最弱的一方，但好歹坐在牌桌上，其他国家连参与的机会都没有。

然而中国参与是参与了，但是中国的TD-SCDMA如何落地？3G谈判时，美国代表之所以放心地拉着TD-SCDMA一起入局，就是料定中国难以在3G上成气候。

中国电信运营商当时已经分家，三巨头电信、联通、移动谁也不看好TD-SCDMA，谁也不愿意在这方面投入，因为投入就是血亏。任正非虽然战略布局深远，但是他当时也不认为中国的TD-SCDMA能成事，因此他选择联吴（欧洲）抗曹（美国），华为坚决投入欧洲的WCDMA，同时为了两手准备，也在布局CDMA2000。中兴在2G时代就已经上了CDMA的船，此时也只能一条道走到黑，继续布局CDMA2000。

当时信产部（现在的工信部）对于中国是否力推TD-SCDMA也是心存

犹豫。3G什么时候上，以哪种方式上，最终还是要看需求、看市场、看应用。如果国内的相关产业配套起不来，信产部就是想推也是有心无力。

作为TD-SCDMA专利的拥有者大唐急了。当时国内其实只有它一家推TD-SCDMA，没钱的时候把大院里的楼、地都抵押出去了。“如果那时垮下来，整个研究院、房子、地都没有了。”原大唐电信集团总工程师李世鹤回忆说。

如果单靠大唐的实力推动TD-SCDMA，肯定独木难支，这一标准必然胎死腹中。

为了确保TD-SCDMA成功，实力最强劲的中国移动被选定为TD-SCDMA运营商。

虽然TD-SCDMA技术本身并不差，但是参与推进的厂商太少，早期只有大唐一家，各种小问题层出不穷，建起来受苦，用起来受罪。因为网络质量很差，用户入网不积极，投诉很多。除了网络问题之外，手机终端也很匮乏。而WCDMA所有主流终端都支持。

中国移动刚开始有些吃力，根本无机可用，一开始只能卖大唐、新邮通研发的低端机。

3G网络商用，加速推动了手机从功能机向智能机的替代大潮。因为只有到3G时代，智能机的那些功能才有实际价值，否则花很多钱，体验上却跟功能机差不多。2008年以后，以苹果手机为首的智能机开始大卖。联通迅速跟进苹果合约机，中国移动只能跟着眼红，却无计可施。

中国移动不仅不能从智能机热潮中分一杯羹，而且每年还要拿出数百亿元补贴终端，用于推动TD-SCDMA终端产业链的成熟，同时还要看着用户不断流失到竞争对手那里。

中国移动眼睁睁地看着市场份额不断下降，内心只能无奈。

中国移动本来是中国移动通信市场的领导者，风光无限。2008年，中国移动用户规模的市场占有份额达到78%，而新增用户规模的市场份额更是达到了88%。3G时代中国移动却被捆住了手脚，被竞争对手联通、电信“欺负”得惨不忍睹。

中国移动凭借过去用户基数大的优势，死扛了五年，盼星星盼月亮，终于盼到2013年底，4G牌照发放给三家运营商，三家得到的都是TD-LTE牌照。

这其中只有中国移动在这五年间，发奋研究TD，并且在TD-SCDMA组网运营过程中，积累了大量前期经验和应用技术。联通和电信原有的网络都是基于FDD，他们压根就没有想过TD，拿到牌照也没有任何动作。

当中国移动拿到TD-LTE的4G牌照之后，数十万移动员工信心百倍：我们扬眉吐气的时候到了！

中国移动开始近乎疯狂地建设LTE网络，推动2G、3G用户转4G。仅用了一年，中国移动新增TD-LTE基站数量就已经达到了70万个，再加上原有的TD-SCDMA基站通过更换“一根线、一块板、一个软件”的方式，就可以向TD-LTE基站平滑演进升级，因此联通电信拍马也追不上了。

三、中欧合作前行

中欧为何携手？这不得不提高通公司的霸道。

2G转3G，码分复用技术即CDMA由于频谱效率高成为首选。高通公司由于提早布局CDMA，在3G时代成为最大的赢家。它自己主导的CDMA2000就不用说了，欧洲的WCDMA、中国的TD-SCDMA都要用到CDMA的核心专利，产业链的相关参与方都要缴纳高通税，不过是多与少的问题。

思科公司是美国的霸道在互联网行业的分形，高通公司就是在通信行业的分形，心智模式一以贯之，就是我的利益优先，我大块吃肉小伙伴们喝点儿汤，能喝到多少还得看我心情。

专利布局只要操作得当，基本是一步领先步步领先。因为你提前跑马圈地，已经把必经之路给圈占了，后来者基本很难绕过。

有人说，专利不是会过期吗？对于单件专利来说，确实会过期，但是围绕核心专利，可以进行同族专利、外围专利、应用技术专利层层布局，巧妙运用专利组合，完全可以在技术演进路线上布下天罗地网，让后来者只能乖乖就范。

对于高通来说，专利授权才是其最关键的收入来源。专利授权费仅占高通2018财年收入的23%，但却占其净利润的大部分。具体而言，高通芯片部门的收入超过170亿美元，但净利润只有30亿美元。高通专利授权部门公布的收入为51亿美元，利润率为68%，净利润为35亿美元。

如果将技术看作各种技术点相互关联的抽象网络，这个网络中同样被幂律法则所支配，只要抢先把头部的核心专利布局好，就可以拿着幂律法则这把刀，玩赢者通吃的游戏。

难道通信标准就要沿着码分复用的路线一路下去，各大厂家世世代代给高通做牛做马，缴纳高额专利费吗？

中欧诸多厂商显然不会乖乖就范。幸好，对于无线频谱资源的利用，又不是只有CDMA一条路，诞生于20世纪六七十年代的OFDM即正交频分复用技术也是一个可选项。中欧通信业达成共识，决定以OFDM为基础开发新一代通信标准。

既然技术标准已经变了，为啥3GPP不改名叫4GPP，技术标准也不叫4G而是叫3G LTE呢？

这里面其实是一个文字诡计。

通信设备换代，生产商当然是双手赞成，但是对于运营商来说那是要投入血本的。各国运营商刚刚大出血换成3G，本指望多用几年，把本钱利润都挣出来，你这么快变成4G，运营商非吐血不可。

而且当时运营商已经形成了对CDMA的技术迷信，一下子把底层技术都换了，运营商必然疑虑重重，新的4G通信设备怕是卖不出去。叫3GLTE，意思是说我们是在3G基础上的长期演进（LTE，Long Term Evolution），心理上就很容易接受了。

这就是把实际的技术非连续性改进，通过文字游戏变成了概念上的连续性改进，运营商可以克服心理上的决策障碍。时过境迁，如今通信市场遭遇增长瓶颈，急需新的概念刺激消费者更新换代，于是有些国外运营商将实际的“4G网+局部5G基站”硬是宣传成5G网。

由于LTE 是中欧联手，因此一开始就是TD、FDD并存。对于欧洲来说更喜欢FDD，因为他们的WCDMA就是FDD，中国则更倾向于TD，因为TD-SCDMA是TD。

从技术演进的角度上看，WCDMA更成熟更有优势，FDD应当更占据上风，但实际上却被中国占了上风，为什么？

中国在4G时代之所以能取得领导权，归根结底还是遵循了中华文化古老的智慧：“同天下之利者，则得天下。”回到技术本身，TD从原理上更节省频谱资源，对运营商更有利。

FDD的全名叫作“频分双工”，运行时，需要两条相互分离的对称频率，一条上传，一条下载，若达不到对称频率的要求，就不能发挥FDD的最大理论速度。对称频率对运营商所持有的频率要求很高，特别是国外的中小运营商，基本不具备对称频率。更进一步，在大多数使用场景来说，下行和上行的数据量往往不是1：1，而是N：1，比如在线看视频，绝大多数都是下行数据。这样宝贵的上行频谱资源就白白空闲，很不经济。

TD全名叫作“时分双工”，一条频率就能开工，用不同时隙来执行上行和下行，而且还会根据场景调整上行和下行的时隙比例。后来又加上“多载波聚合”技术，可以把分散的碎片化频率聚合成一个大带宽载频。

经过无线通信技术这么多年发展，无线频谱早就被划分得七零八落，而且国外大多使用频谱拍卖制，这就如同土地产权一样，一个完整地块早就被各种业主分得七七八八，想拿出对称上下行频谱，简直就是奢侈。

对于不懂通信技术的读者，你可以把运营商想象成房地产开发商。对于只能拿到频谱资源边角料的小运营商来说，“TD+多载波聚合”对他们来说简直就是天降福音，相当于本来只够盖厕所的各种垃圾边角地块聚合在一起，也能盖高级公寓楼了。对于大运营商来说，重金拍下的黄金频段，要尽可能划分成更多房间才能多挣钱，但如果采用FDD方案，就相当于大部分时间要让其中一半房间空着，这种资源浪费让人心疼。

TD-LTE方案让运营商喜闻乐见，因此FDD-LTE技术标准再成熟，也只能靠边站。

四、分歧不断的联姻

局势确实如同任正非所预料，“中欧联手斗地主”，但是具体技术路线并没有按照他的预想。华为不得不进行战略调整，开始投身TD。由于前期华为在TD技术路线上没有太多积累，只能寻求外部合作。

2005年3月，华为与西门子合资的鼎桥公司在北京挂牌成立。从鼎桥公司名称“TD-Tech”可以看出，该公司就是为专攻TD技术而生的。到2006年底，双方累计投资已经超过3亿美元，是TD企业中累计投入最大的。

由于过去的研发积累，西门子拥有相当多的TD相关专利。因此鼎桥虽然诞生时间短，但很快就成为分析人士眼中TD产业的黑马：德国人严谨的质量控制体系，华为的市场渠道与销售能力，二者的专利和技术底蕴，给鼎桥罩上了重重光环。

2007年初，中国移动首期TD-SCDMA合同招标，鼎桥CEO孟乐（德国人）在多种场合放出豪言，要拿下30%～50%的份额。市场分析人士预期，华为至少也应该是20%～30%，但实际结果让人大跌眼镜。中兴系（中兴、爱立信）获得46.78%，大唐系（大唐移动、新邮通、烽火）获得36.68%，鼎桥和普天分别获得13.82%、2.72%。

华为重金投入，居然再次遭遇惨败！

结果一出，任正非十分震怒，并出台相关处罚措施：项目负责人徐直军等人受到了降薪处分。当时徐直军是华为公司高级副总裁，主要负责公司战略与市场方面的工作，同时也是TD-SCDMA项目负责人。

到底是什么原因让华为落败？根源还在于，华为和西门子虽然结婚生了鼎桥这个“孩子”，但是双方仍然矛盾不断。

华为虽然早在2003年就确立了开放协作，与友商互惠共赢的战略方针，但实际操作牵涉到商业竞争，关系到巨大实际利益的流向，哪有那么容易做到？

华为和西门子在欧洲市场还是WCDMA的直接竞争者。两家母公司因为市场形势联姻，却仍然在互相提防，生怕对方获取了自己的独门技术，在技术专利上并没有对鼎桥做太多开放。

鼎桥虽然表面上看光环无数，是含着金钥匙出生的“富二代”，却没有继承多少家产，基本相当于白手起家的“布衣”。

比如说，分布式基站本来是华为原创，并成为华为在欧洲纵横驰骋的大杀器，但是鼎桥当时却没有拿到这项技术，因为华为生怕被西门子偷师。反而是中兴模仿华为，开发了一套自己的分布式基站，成为招标时的利器。TD-SCDMA技术弱点就在于对天线要求太高，大唐在这方面是强项，开发出了“独门暗器”：6天线的智能天线，也很符合移动的口味。鼎桥的招标方案却没有什么值得称道的独门秘技，仍然以“常规武器”示人。相互一比，高下立现。

鼎桥只负责研发接入技术，核心网还分别握在两家母公司手上，接入设备到底搭配哪家母公司的核心网，进而构成端到端的网络解决方案，将极大影响到母公司的利益。因此西门子和华为都在争夺对鼎桥的话语权，公司内根本无法形成合力。

公司领导层往往以“完不成任务公司就散伙”为威胁，员工分成两派，华为派看不惯西门子派按部就班，到点就下班的做派，西门子派也看不惯华为派“拼命三郎”的作风，内部矛盾不断升级。

除了内忧还有外患。公司内部由于内斗人心不稳，爱立信趁机伸出橄榄枝大肆挖角，结果公司的研发骨干不断流失，鼎桥俨然成了别人的练兵场。

2008年，情况终于迎来转机。

西门子的电信部门当时正与诺基亚电信部门合并而成诺西。诺西和鼎桥一样，出现诸多“合并综合征”。诺西合并费用高达250亿欧元，孰重孰轻一望可知。再加上全球经济危机爆发，母公司状况不容乐观，诺西方面急于回撤救火，给了华为完全掌控鼎桥的契机。双方经过艰苦谈判，诺西把自己的TD专利打包卖给华为，鼎桥被华为全盘接手。根据协议，鼎桥将作为TD无线接入产品开发的研发中心，为诺西和华为提供TD无线接入产品。

2008年4月29日，鼎桥CEO孟乐离职，由华为无线产品线副总裁侯金龙代理，大部分中层也换成了华为的人。鼎桥把TD研发提到公司战略级的高度。按照华为模式对原有研发平台进行改造，大力建设销售渠道和服务体系，推出更具竞争力的产品，逐渐夺回市场份额。

2008年11月中国移动第二轮招标，鼎桥份额上升到26%，相比于上一轮翻倍。此后继续上升，华为系（包含鼎桥）成为TD设备的最大供应商。

按照任正非的话说，TD市场刚来的时候，因为我们没有足够的投入，所以没有机会，第一轮招标我们就输了。第二轮我们投入了，翻上来了。第三轮开始我们就逐步领先了，我们这叫后发制人战略。

第十九章 华为终端的崛起

一、千呼万唤始出来的华为终端

通信行业环节众多，环环相扣。华为既然已经成为TD网络侧设备的领导者，那么终端侧TD设备的研发就必须提上议事日程。否则光有网络没有合适的终端，还是缺少竞争力。

华为早期涉足过终端业务，但是由于心智模式完全是企业客户，对于个人客户生意完全不适应，以至于惨败收场。后来任正非甚至拍桌子，谁敢提华为做手机，谁下岗。由此也导致华为错失小灵通的风口，被友商中兴打了个措手不及。后来任正非承认，为了一个小灵通，我痛苦了8到10年。

2002年底，任正非痛定思痛，终于决定做手机，并成立专门的终端公司。“做手机跟做系统设备不一样，做法和打法都不同，华为公司要专门成立独立的终端公司做手机，独立运作！”任正非说。

华为终端公司终于诞生了。但是直到2010年，华为还是只做运营商贴牌定制机，说到底还是企业客户生意。运营商提供要求，华为生产，不贴商标，不用推广，净利润大概只有5个点。

TD终端当时最大的问题是只有低端机，没有中高端手机。3G时代对于终端性能要求很高，当时又是一个终端用CPU爬坡的时期，跟PC机当年发展历程很像，芯片升级推动终端更新换代，用户纷纷追求高端机。

因此，做中高端手机就成为华为必须攻克的堡垒。2010年12月，华为手机召开了高级座谈会。在会上，任正非将手机业务升级为公司三大业务板块之一，把产品重心从低端贴牌机，转向以消费者为中心的高端自主品牌，并豪言要做到世界第一。就像1994年任正非说“三分天下华为有其一”。

余承东更是豪言壮语，2012年3月9日，他发了一条微博：“最近被那些盲从的跟风者搞火了，我在此不谦虚地说一次，我们今年年底明年年初将推出一款比iPhone5要强大很多的旗舰手机。”这条吹牛的微博被转发了4000多次，评论达到5000条，被网友冷嘲热讽，之后“余大嘴”的称号便不胫而走。

余承东在以“大嘴”被世人熟知之前，一直是技术流。他1993年加入华为，算是元老级人物。

在任正非眼中，余承东是一个勇于接受挑战的猛将。在华为刚刚研发成功交换机时，余承东主动提出要去做无线业务。历经十几年搏杀，经历无数挫折与失败，华为无线业务做成了世界第二，余承东立下了汗马功劳。在被任正非召唤回深圳之前，余承东已经成为华为无线产品线总裁、欧洲片区总裁，凭借分布式基站在通信巨头扎堆的欧洲叱咤风云，不断攻城拔寨。

在刚刚得知自己将要负责华为手机业务时，余承东是蒙的。他十几年来的梦想就是要把华为的无线业务干到世界第一，一路上把许多强劲对手甩在身后，距离梦想只有一步之遥（当时华为无线业务仅次于爱立信），却被要求负责一个完全陌生的业务，心里多少有点儿抵触情绪。

但是听到任老板说，我要你把华为手机业务干成世界第一，余承东的激情又被点燃了。

二、小终端背后的大志向

从华为绝不碰手机业务，变成要把手机业务做成世界第一，任正非这一百八十度转弯背后，不仅仅是对于手机业务市场前景的充分乐观，更重要的是，他对于信息技术主导的未来世界格局进行了深入的思考，并且已经形成了清晰的图景。

在2010年华为云计算研讨会上，任正非做了重要讲话，第一次对外清晰地阐述了华为业务的图景就是“端、管、云”。

在云平台上我们要更加开放，同时将信息流的管道的直径做得比太平洋还大，让它有更大的能力、心胸，迎接各种云下来的雨。我们的开放要像黄河、长江、密西西比河一样，任雨水在任何地点、任何方式流入一样方便接入。我们在风起云涌的云业务上要更多地包容，我们永远不可能独自做成功几朵云，千万朵云要靠千万个公司来做。云的价值是市场来决定的，只有为客户使用的云，才会生存下来。

> 信息网络的未来其实就简单化到两个东西，一个是管道，一个是云。未来管道的直径至少是太平洋，绝对不是黄河长江。
>
> 我们在云平台上要在不太长的时间里赶上、超越思科，在云业务上我们要追赶谷歌。让全世界所有的人，像用电一样享用信息的应用与服务。

在任正非的构想中，华为长期从事的通信设备业务，将升级为云平台，就是连接万物的数据“管道”；企业网业务可以进一步升级为“云业务”，是数据存储以及数据处理的“智慧大脑”。但是华为还缺少未来图景中的一块重要拼图：终端。终端最贴近用户以及物理世界，是所有业务的入口。

得入口者得天下。苹果就是先通过终端连接用户，在此基础上发展云业务，成为全球市值最高的终端公司的。

从这个意义上看，终端不仅仅是电话，而且是未来世界的入口。争夺入口的控制权，就成为华为公司的战略级目标。

从中也可以看出，任正非的愿景气冲霄汉，将思科、谷歌、苹果等美国一流ICT公司列为超越的对象。鉴于信息技术的极端重要性，任正非已经认识到，华为发展下去，迟早会触及美国霸权的根基，将会成为美国不惜代价打压的对象。因此在这次云计算研讨会之后，任正非就开始构思华为的战略部署，是否能够在美国的极限打压下存活？

基于这个构想，华为在2011年整合全球各地的研发资源，成立了2012实验室，下设中央硬件工程学院、海思半导体、研发能力中心、中央软件院等二级机构。实验室的名字来自电影《2012》。当时的说辞是，任正非认为未来信息爆炸会像数字洪水一样，华为要想在未来生存发展，就必须要构造自己的“挪亚方舟”。

任正非在2016年进一步解释：“华为现在的水平尚停留在工程数学、物理算法等工程科学的创新层面，尚未真正进入基础理论研究。眼看逐步逼近香农定理、摩尔定律的极限，而对大流量、低时延的理论还未创造出来，华为感到前途茫茫，找不到方向。”2012实验室的目的，就是通过不断创新来突破创新者的窘境。

2012实验室的另一层目的一直隐藏得很深，但是我们今天已经知道了，就是进行战略备份。华为将来总有一天会动摇美国霸权，会遭到美国的极限打压。因此，需要在那一天到来之前研发出替代品。

所有战略储备中，芯片又是其中的重中之重。不说其他，单是研究芯片的战略储备就需要烧很多钱，最佳策略就是将其变成产品获取市场反哺，从而滚动开发。因此，华为终端不仅是抢夺流量入口，还要肩负哺育海思芯片成长的重任。

三、全球产业链转移大潮

缺乏个人客户基因的华为要做终端，本就很不容易，还要同时把手机芯片也做起来，其难度可想而知。特别是站在余承东执掌终端业务的那个时点，怎么看都难以实现。那一年，苹果推出iPone4S，让苹果公司站上史上赞誉的最高点（虽然市值还远未到高点）。

余承东公开说要和苹果、三星竞争，在消费者眼中无异于痴人说梦。再加上华为此前一直做企业客户业务，在普通人那里远远不如苹果、三星有名气，因此“余大嘴”不仅自己成为被嘲讽的对象，连带华为这个品牌的形象也变得有些奇怪。

2011年中国手机市场的形势与现在完全不同。诺基亚虽然份额在不断下滑，但是仍然占据相当的市场份额。三星如日中天，索尼手机还叫索尼爱立信（简称索爱）。市场份额前五名没有一家中国公司。也正是从那一年起，小米、OPPO、vivo、华为、魅族等中国品牌纷纷崛起，逐渐变成今天这样中国厂商占据主导地位的局面。

为什么中国手机厂商会迅速崛起?

这背后是一轮电子工业产业转移大潮在起作用。

为了降低成本和提高效率，产业链会向工人素质高、工资低、基础设施便利的地区转移，如果该地区还是销售市场，那就更好了。产业链要素聚集会产生马太效应，要素越多的地方越会吸引更多要素集中。从20世纪70年代以来，全球产业链转移就呈现向亚洲特别是东亚集中的现象，从2000年之后，则加速向中国集中。

智能手机恐怕是除了汽车之外，最为精密复杂的大批量消费品。以一台苹果手机为例，它的屏幕来自韩国LG，内存来自三星，CPU来自高通，GPU来自英伟达，Wi-Fi芯片来自博通，基带芯片来自英飞凌，组装则由富士康完成，此外还有摄像头、屏幕玻璃、按键、边框、天线、连接器、音响、电池等。从某种程度上，智能手机的供应链反映了当今世界的制造业分布格局。

2018年3月8日，苹果公布了其供应商的前二百强，它们遍布美国、亚洲和欧洲，其中中国占了35%。此外，即使供应商是美国、日本或欧洲的公司，其工厂所在地也大都在中国或亚洲其他国家。

创新是旧要素的新组合。要想创新，首先要存在这些要素。因此产业要素集中，又会引发创新机会增多。创新这件事同样具有相当明显的马太效应，创新机会多导致要素聚集，要素聚集会进一步推动创新的发生，形成自增强的正反馈。

中国年轻人为什么都向北京、上海、广州、深圳、杭州等地聚集？不是因为这里房价贵，而是因为这里聚集了丰富的创新要素，机会最多。

举个例子，如今想搞电子产品创业创新，放眼全世界最佳地点不是硅谷，而是深圳。因为这里有全世界最为齐全的电子产业链，全世界最发达的物流以及最活跃且庞大的市场。无论你有什么新想法，最快一个晚上就能做出原型机，两个星期不到产品就能交到消费者手中，这是世界上其他任何地方都不具备的创新土壤。随着这些要素的聚集，越来越多的创业者聚集到深圳，甚至其中不乏来自硅谷的公司。

成熟的技术、完整的供应链、便利的物流、低廉的人力，以及巨大的消费市场，这是小米、华为等能够成功的产业基础。

除了中国，还有什么地方有如此便于初创企业生长的环境？从经济创新的角度上看，世界上大部分国家和地区都是创新的荒漠，只有中国和美国存在创新的绿洲。其中美国的绿洲随着去工业化的进程，还在走向荒漠化。

制造业大国也会成为创新大国，世界创新中心从19世纪的英国，到20世纪的美国，再到21世纪的中国，这是不可阻挡的历史大势。

四、手机市场的门外汉

余承东掌管终端后，首先做了款荣耀手机，但是性价比不如早几个月诞生的小米1，市场反响平平，然后又推出两个品牌“远见”“火花”，也是找不着北。

到底该如何设计出备受消费者欢迎的爆款手机呢？这件事困扰着余承东和整个华为终端公司。

华为手中掌握着大量企业端运营商客户，但是他们完全是从自身价值网出发提出改进意见，与最终消费者完全是两回事。如果设计终端过于听取企业端客户的意见，就会陷入创新者的窘境。

余承东虽然自己也不知道个人客户端用户真正要什么，但是他相信一点：产品设计要从群众中来，到群众中去！余承东鼓励设计师到人潮涌动的咖啡馆、地铁、大街上观察消费者的购买行为，看他们喜欢喝什么饮料、穿什么衣服、对什么商品感兴趣。

这一次的市场研究，洞察到的是一个“薄”字，余承东要求做出全球最薄的手机，这是遵循“单一要素最大化”原则，因为只有特性足够突出，才能与众不同，才能打动消费者。但是，简单粗暴运用“单一要素最大化”的原则，并不一定带来好产品。这款被称作华为Ascend P1的手机确实做到了全球最薄，但是为此舍弃了电池容量，导致待机时间短被用户大量吐槽。而且由于技术所限，摄像头部分不得不设计成凸起，很容易损坏。智能手机有一个普遍的弱点就是不经摔，因此大部分手机用户都会选择给手机套上保护套，套上保护套之后，机身薄这个优点就显不出来了。

华为终端对于品牌的打造，更显得业余。“Ascend”这个名称对于大部分中国人来说，生僻拗口，不知所云，而且天然带有一种文化上的疏离感，哪有“小米”来得亲切接地气？带有深厚企业端基因的中兴也犯了类似的错误，其高端品牌“努比亚”来自非洲的一个古文明名称，但对于普通中国人来说完全没有认知，违背了品牌传播的一般规律。

华为终端已经做了好几年运营商定制机，每年几千万的发货量，个人客户的高端手机只是屡战屡败的新项目，屁股决定脑袋，利润来源决定了大部分员工总是不由自主地偏向定制机业务。余承东为了让大家背水一战，集中精力做好高端机，干脆大笔一挥，将总量5000万部的功能机直接砍掉3000万，引起了运营商极大不满。15家欧洲运营商有14家中止了跟华为的合作。

余承东顶着巨大压力，接连做出D1、D2、P2等好几台高端手机，但是市场反响都不理想。这几款手机搭载了海思的首款四核芯片K3V2，号称是全球最小的四核ARM A9架构处理器。但是K3V2的工艺是40nm，发热量大，游戏的兼容性不强。同时期的高通APQ8064和三星Exynos 4412都已经用上了28nm、32nm的工艺，市场反响可想而知。当年笔者买了华为手机Mate 1和一款华为平板，都是搭载K3V2，确实发热很明显。特别是那个平板，号称是全高清屏（FHD），但是基本玩不了什么游戏，只能用来看看视频。

对于这颗芯，终端部门的研发人员意见也很大。比起同时期高通和三星的芯片，海思的落后不仅仅是工艺制程上那么简单，而是全方位的落后。他们不得不夜以继日地从软件侧来弥补芯片上的众多漏洞和bug。

但从另一方面说，尽管差距不小，但当时手机芯片刚刚迈入四核时代，K3V2毕竟也是一款四核芯片。海思能勉强跟国外半导体大厂的芯片站在同一水平线了。

这标志着成立了八年之久的海思，迈过了无数坑，终于从一众中低端半导体芯片厂家中杀出，可以站在全球最高级别的擂台上，跟顶级玩家掰一掰手腕了。

五、海思的漫漫造芯之路

中国其实一直在集成电路上默默发力，联想倪光南做出了激光打印机芯片，中星微为PC摄像头做CMOS传感器起家并上市。国微电子（现紫光国微）为DVD开发控制芯片起家，珠海矩力在MP3时代做得风生水起。但是这个行业的特点始终是高风险、高投入、高产出，而且基本没有什么捷径可走。根据摩尔定律，半导体工艺迭代速度很快，先进厂家可以始终利用时间窗口期赚取高额利润，封锁后进玩家进场，因此中国半导体厂家始终无法进入主流的PC和手机芯片市场，只能在一些次要行业中占据一席之地。

海思的前身，是成立于1991年的华为ASIC设计中心。由于外购芯片价格昂贵，成本压力巨大，不利于华为在性价比上的竞争。因此从第一代传输产品开始，华为就走上了核心芯片自研之路。

华为当初体量那么小，就能自研芯片，还要得益于台积电的崛起。

半导体诞生之初，英特尔、IBM等少数美国公司包揽了芯片的设计和生产（所谓IDM集成设计与制造），初创企业根本无法插足半导体行业。1987年，张忠谋在台湾新竹科学园区创建了全球第一家专业半导体代工公司——台湾积体电路制造公司（台积电），并迅速发展为台湾半导体业的领头羊。他开创性地定义了芯片代工厂（Foundry）这个行业，将设计和生产分开，为初创企业开辟了生存空间。从此后芯片设计企业只需要做轻资产的无晶圆设计（Fabless Design），生产（包括流片）环节就外包给台积电这样的厂家。直到今天，海思仍然是一家无晶圆设计公司。不过今天大陆也有自己的芯片代工厂，比如张汝京创立的中芯国际。

海思与华为终端几乎是同时成立的，但是初期两者之间并无交集。

海思的成立，源于高通公司故意对华为卡脖子。在3G业务早期，曾经流行过供PC使用的USB 3G上网卡，华为基于高通的基带解决方案最早做出USB上网卡，但随着华为USB上网卡在全球大卖，却发现高通总是借故延迟发货，而其他厂家订购的基带芯片却总能按时到货。

当华为了解这一事实后，便陆续断绝了与高通的技术合作。任正非也因此下定决心，进一步加大对自研芯片的投入，避免再被对方卡脖子。

海思做的第一款手机芯片，是模仿联发科的一站式方案（Turnkey），名为K3V1的GSM智能机芯片。不仅工艺比竞争对手落后，而且系统也是即将被淘汰的Windows Mobile。这款芯片出来后，连华为终端都不要，只好拿去做山寨机，很快又被砍掉。因为主管市场与销售的副总裁胡厚崑认为，如果消费者得知这款山寨机的芯片是华为做的，会严重影响华为的品牌形象。

山穷水尽之时，华为高层终于意识到联发科的模式不可能在华为复制。如果自己的手机不用自己的芯片，自己的芯片必然难以生存。华为只有走产业链整合之路，自己的蛋只能由自己来孵。

任正非做了一个重大决定：将移动终端芯片从海思转移到手机公司做，手机公司补偿海思的前期投入。为此还专门找了会计师事务所来算账，最后核算出了三千万美元。

至此，华为终端终于形成了自己的发展模式：芯片与手机相互扶持，共闯难关。

海思芯片不仅要跻身主流，还要打造高端品牌形象，其难度可想而知。

这就是为什么从2012年的D系列开始，华为所有高端手机——D系列、P系列、Mate系列，均是搭载海思K3V2芯片。余承东屡败屡战一直到了P6，连他自己都动摇了，甚至产生了抵触心理，但是任正非出于战略考量，还是坚持要用海思芯片。

此时，消费者对K3V2的厌恶也达到了极点，网友写了一副对联调侃余承东："海思恒久远，一颗（K3V2）永流传。"当时余承东受到的压力非常大，华为内部不时传出余承东"下课"的消息，直到任正非拍着桌子喊"不支持余承东的工作就是不支持我"，杂音才暂时平息。

在一次次的市场打磨之下，除了"薄"之外，华为终端又逐步洞察出"美""大屏""电池"等用户核心诉求，4G视频时代下的"视频解码"等功能。通过不断迭代，小步试错，华为终端团队一点一点读懂了用户。

平心而论，如果当时华为终端直接外购高通的成熟芯片，其实早就能成功了。为了长期的发展，华为主动选择了一条更为艰难的路。对于其他人可能无法想象，但是对于华为人来说，他们一路走来，正是始终这样披荆斩棘，负重前行。

海思芯片迟迟得不到有效改进，拖了终端的后腿。

尽管华为的芯片还处于研发试错阶段，且低端产品线也仍然在购买高通的芯片，但站在智能手机处理器与基带芯片产业前沿的高通，仍然注意到华为不可忽视的变化。华为毅然地进行手机和芯片的联动，使得高通本能地感受到了威胁。在2012年的年度报告中，高通首次将海思列入竞争对手的名单。

2013年上市的P6是一个标志性的产品。华为终端上下都充斥着背水一战的氛围，大家都预感到这台机器如果再失败，余承东恐怕就真的要“下课”了。每个人都不得不做得精细再精细，挑战极限。近千名研发人员全力以赴，仔细打磨，中端价位却使用了大量前沿工艺。发行时动员了所有的力量，在19个国家同时推广，耗费巨资进行地毯式的广告轰炸和媒体投放，流露出近乎决绝的悲壮。

尽管芯片不给力，但P6的诚意市场有目共睹。在仍然使用K3V2改进版的情况下，P6卖出了400万台。虽然还远不及余承东事先吹牛的1000万台，但相比前几代的销量来说，P6算是大获成功。

P6证明了华为能够做出市场欢迎的终端，接下来就需要海思证明自己了。

从P6s开始，芯片不再是万年不变的K3V2， 而是变成了麒麟系列的首款——Kirin910。这标志着海思终于突破技术瓶颈，开始以较快的速度进行迭代，逐渐缩小与竞争对手之间的差距。

进步主要体现在三个方面：一是AP①和BP②合在同一个芯片里面，叫SOC③，集成度大大提高。二是采用28nm工艺，真正与高通的高端芯片处于同一档次，功耗也大幅下降。三是改善了GPU图形处理单元，游戏的体验和兼容性更好。终端用户可以明显感受到，华为手机的待机时间显著优于苹

① AP是Application Processor的缩写，即应用处理器，AP上面运行了我们通常的操作系统和应用软件。

② BP是Baseband Processor的缩写，即基带处理器，BP主要的作用是发送和接收各种数据。

③ SOC是System On Chip的缩写，意思是“片上系统”，如果说中央处理器（CPU）是大脑，那么SOC就是包括大脑、心脏、眼睛和手的系统。

果，华为手机饱受诟病的对游戏支持不佳的缺点，也得到大幅改进。苹果直到今天，还在采用自研AP芯片+外挂高通BP的模式，这也导致了苹果手机功耗很难降低，而且内部空间有限，电池容量很难提升，因此苹果手机的待机时长成为老大难问题。

六、水到渠成的破局

2014年9月，华为高端大屏手机Mate 7上市，定价接近四千，向三星和苹果牢牢统治的高端市场发起挑战。

当时，华为对贸然进入高端市场并没有太大的信心，华为自己的渠道商对它也不看好，因此Mate 7首期只做了区区30万台。2014年年底，销售代表们汇集到上海认领Mate 7的销售份额。国内最大代表处的销售代表上台，伸出一根手指：“一万部”。其他代表处的同事还在喊：“这么多，兄弟你悠着点儿啊。”。Mate 7的产品经理李小龙见状，心都凉了半截。

没想到这款手机意外击穿了市场阈值，受到市场的广泛赞誉，中国政企精英用Mate 7发朋友圈，一时间成为一种潮流，市场到处缺货，许多人纷纷发动关系找华为高管“批条子”。

Mate 7是华为终端产品设计美学与芯片工艺突破的结晶。大屏、待机时间长、各种App运行流畅，金属机身质感上乘，透出满满的高级感。同期上市的三星Note 4居然还用塑料外壳（不是金属外壳）和滑动指纹（不是按压），显得廉价土气，苹果旗舰iPhone 6plus也是同月发布，发售不久爆出弯曲门（很容易弯曲变形）、夹发门（手机铝制边框与玻璃屏之间的空隙时常发生将头发夹住的现象）、死机门等缺陷，使得中国的政企精英们掀起弃苹果换Mate 7的风潮。

从此之后，苹果手机不再是中国高端人士的首选，三星更是每况愈下，市场份额不断下滑。为了挽回颓势，从Note 5到Note 7，三星不得不一再缩短研发周期，更加激进地将前沿技术加入到旗舰产品中，导致手机各种质量问题频发，到Note 7终于酿成“爆炸门”，此后三星的市场份额持续暴跌。尽管今天三星手机仍然是全球市场份额的老大，但是在中国市场已经归到“其他”里，份额不足2%。

2018年，华为手机全年销量2亿部，已成为中国市场的第一大品牌。更为难能可贵的是，在全球智能手机销量萎缩的同时，华为逆势上涨50%，其增长后劲十足。

从2012年到2018年，6年的时间，从零到中国市场第一，从企业客户端到个人客户端切入，成功打造出荣耀和华为两个独立的成功品牌。这一年，余承东再次放话，未来五年全球智能手机市场会只剩下三家：苹果、三星和华为。2019年一季度，华为在欧洲市场的份额从一年前的15%暴涨到26%，余承东的论断正在成为现实。

十年前，中国的手机消费市场还是欧美品牌主导，前五里面一个中国品牌也没有，如今则是中国品牌占据统治地位，并在将这一趋势拓展到全球。这是中国消费电子行业整体性的崛起，华为只是其中最耀眼的领航者。

第二十章 华为与中国的未来

一、AI芯片与云服务

海思与华为终端的联姻时间并不算长，从2012年到2019年，只有短短6年多的时间，前3年海思拖着终端的后腿，海思获得了宝贵的市场演练的机会，促进了芯片的快速迭代成熟。后3年则是海思推着终端走，海思芯片越来越成为华为终端独特的核心竞争力，如今的海思麒麟芯片气势如虹，成为科技潮流的引领者，黑科技层出不穷。

GPU Turbo①，大幅提升了华为手机的游戏体验。这一技术的实现，不仅需要熟悉GPU驱动和机器指令，同时还需要对芯片结构和应用层有深入的理解。这种对全栈的“摸透”，显示出华为在持续深入操作系统和芯片技术的底层。华为推出方舟编译器以及独立研发手机操作系统，都是这一技术链条的不断延伸。

2017年，海思芯片推出了全球首款继承了AI芯片的手机终端芯片，实现了对手机拍照的自动美化。第一代麒麟970的AI芯片来自中科院的寒武纪

① GPU Turbo是一种软硬协同的图形加速技术，能够提高手机GPU的性能，提高图形处理效率，降低能耗。

科技，第二代则是华为自研的AI芯片。

华为推出AI芯片，可不仅仅是美化图片那么简单，在其背后蕴藏着华为更加宏大的战略目标。

2018年10月，在第三届华为全联接大会上，华为轮值董事长徐直军发布了华为最新的两款AI芯片。昇腾910（Ascend 910），是目前全球已发布的单芯片计算密度最大的AI芯片，昇腾310则是目前面向计算场景最强算力的AI SoC。

比起高性能的AI芯片，更加引人瞩目的是，华为同时发布了面向未来的AI战略。

徐直军在会上提出了十个人工智能的重要改变方向：模型训练、算力、AI部署、算法、AI自动化、实际应用、模型更新、多技术协同、平台支持、人才获得。这十个改变不是人工智能的全部，却是最为基础的十个方向。

华为的AI战略被称为“全栈全场景AI解决方案”。

徐直军说：“我们提出的全场景，包括公有云、私有云、各种边缘计算、物联网行业终端以及消费类终端等部署环境。全栈指的是技术功能视角，是指包括芯片、芯片使能、训练和推理框架、应用使能在内的全堆栈方案。”

这一战略的提出，是华为基于对当前智能云服务中存在的问题的深刻洞察。

2017年9月，华为发布了面向企业、政府的人工智能服务平台华为云EI。2018年4月，华为又发布了面向智能终端的人工智能引擎HiAI。

在投入云服务的过程中，华为发现了一个普遍存在的问题：目前的云服务和终端之间是相互割裂的。具体地说，云服务平台不卖终端芯片，卖终端芯片的公司不提供云计算服务。开发者不得不浪费大量的时间和精力以及财力在训练和部署之间。

更早投入云服务的谷歌，在此之前已经发现了这一问题。谷歌云推出了用于边缘计算的Edge TPU，作为Cloud TPU的补充，用户可以在云上构建和训练ML①模型，然后通过Edge TPU硬件加速器在边缘设备上运行这些模型，这在某种程度上降低了开发者的成本。

但是，这只是对于现有问题的一套补丁，治标不治本。如果能出现一套框架，让终端、公有云、私有云、边缘计算等不同平台的AI应用，应用一次调校就能部署，将会比Edge TPU更有效率，可能会成为最佳的解决方案。

在第三届华为全联接大会上，徐直军说："我们发布的全栈全场景解决方案是对华为云EI和HiAI的强有力支撑。基于这个解决方案，华为云EI能为企业、政府提供全栈人工智能解决方案；HiAI能为智能终端提供全栈解决方案，且HiAI service是基于华为云EI部署的。"

① ML是Machine Learning的缩写，意思是"机器学习"，专门研究计算机怎样模拟或实现人类的学习行为，以获取新的知识或技能，重新组织已有的知识结构使之不断改善自身的性能。

一、赋能实体经济的华为云

EI是Enterprise Intelligence的缩写，意思是企业智能。这一概念的提出，显示出华为云将会走一条与市场已有的云服务提供商不同的路线。

所谓云服务，是将海量计算资源布置在网络中（云端），用户通过自己的终端发送指令给云服务器，通过云端的大量服务器进行运算，再将结果返回给用户。对于用户来说，这是一种按使用量付费的模式，提供可用的、便捷的、按需的虚拟化计算资源。

打个比方，个人电脑就如同古老的单台发电机，云服务则转向了电厂集中供电的模式。在电气化革命的早期，工厂通常要自备发电机，如今供电这么方便，谁还会自备发电机呢？云服务的出现，意味着计算能力也可以作为一种商品进行流通，就像煤气、水电一样，取用方便，费用低廉。

在AI时代，云服务就是AI的载体，大数据是AI的食粮，三者复合成为ABC[①]。如同公元前的轮子和铁，19世纪的铁路和电力，以及20世纪的汽

① ABC分别为AI（人工智能）、Big Data（大数据）、Cloud（云服务）。

车、电脑、互联网一样，ABC是一组技术集合，是一种新的通用目的技术（GPT），将会导致人类社会出现翻天覆地的变化。

相对于传统云服务商来说，华为云是高维对低维的降维打击。

AWS[①] 等传统云服务商主推公有云，在互联网客户方面有先发优势，数据中心是集中式的，更多属于传统IDC业务的虚拟化。华为云主推边缘计算，是公有云与企业私有云的混合云，技术构架更为复杂，不仅需要集中式数据中心，也需要部署分布式数据集群。

在华为云看来，AI的发展是为了将人工智能赋能到各行各业，让AI成为各行各业的助力，使它们的技术水平得到提高，生产力得以高效利用，而不是用AI智能对行业进行质的改变，以至于完全颠覆了行业的本质属性。这也决定了华为云的使命：不是急功近利的商人，而是做实体经济的赋能者。

目前人工智能行业最大的瓶颈不是在于AI算法，而是缺乏具有经济价值的应用场景。华为研发AI首先是为了解决内部实际问题，与实业紧密结合。华为涉及AI业务的团队非常多，他们分头为各个业务部门服务，比如手机、芯片、媒体、操作系统等，应用最多的则是任正非提到的两条主线：解决华为内部运作的自动化问题和华为的业务服务问题。比如，华为供应链的智能装箱、物流和路径规划，以及报关、发票、风控、营销、网络安全等场景，都已进行了数据化和智能化改造。

华为云根植于多年的企业网业务经验，以及自身业务数据化和AI化的实际应用，更加紧密服务于实体企业的需求，这是那些传统云所不能比的。

① AWS是亚马逊公司旗下的云计算服务平台。

互联网过去二十年的发展，主要改变的是人们的生活方式，因此也被称作消费互联网。未来，互联网将进一步向产业纵深发展，改变人们的工作方式和创造方式，因此也被称作产业互联网。

在产业互联网时代，需要互联网通信技术和其他行业技术的深度融合，需要两方面的人才相互理解和密切配合，绝非一朝一夕所能完成的。华为作为顶尖的ICT服务商，同时本身就是制造业企业，很早就开始了数字化转型，积累了丰富的数字化转型经验。华为虽然是云服务的后来者，却在产业互联网的方面具有先天的优势，必将上演华为发展史上曾反复出现的“后发先至”的一幕。

产业互联网都包括哪些内容呢？

古希腊哲学家亚里士多德为了解释事物发展变化的规律，提出“四因说”，将变化规律归结为质料因、形式因、动力因和目的因，并认为目的因是最根本的因素。这一论断在解释自然现象时是有缺陷的，例如不是所有事物发展变化都有其目的。但是却可以很好地解释人类社会的发展变化。

参照四因说，我们把人类经济和技术系统归结为四类：动力机（对应动力因）、控制机（对应目的因）、工作机（对应质料因）、连接机（对应形式因）。这一分类具有分形意义的概念，包含了两方面的含义：小到一把正在使用中的螺丝刀，大到整个国民经济系统，这四个分类在各个尺度上都成立；对于任一尺度上的动力机、控制机、工作机或连接机，其内部还可以划分为动力机、控制机、工作机和连接机。

华为的主业ICT，其实就是控制机和连接机。“端管云”中的智能云是智能控制中枢，“管”是数据通信管道，实现经济各个部分之间的相互连接。

产业互联网中侧重于“动力机”的部分，就是为国民经济各行各业提供动力的能源互联网。

能源是经济发展的原动力，第一次、第二次工业革命首先都是能源革命。美国未来学家杰里米·里夫金（Jeremy Rifkin）于2011年在其著作《第三次工业革命》中预言，以新能源技术和信息技术的深入结合为特征，一种新的能源利用体系即将出现，即能源互联网。

能源互联网用先进的传感器、控制和软件应用程序，将能源生产端、能源传输端、能源消费端数以亿计的设备、机器、系统连接起来，形成了能源互联网的"物联基础"。大数据分析、机器学习和预测是能源互联网实现生命体特征的重要技术支撑：将有助于形成一个巨大的"能源资产市场"，实现能源资产的全生命周期管理，通过这个"市场"可有效整合产业链上下游各方，形成供需互动和交易，也可以让更多的低风险资本进入能源投资开发领域，并有效控制新能源投资的风险。能源互联网还将实时匹配供需信息，整合分散需求，形成能源交易和需求响应，让每一个家庭都变成能源的消费者和供应者。

华为凭借自身的ICT优势，对于万亿级的能源互联网产业自然不会错过。在2018全球能源互联网大会上，作为唯一一家全球能源互联网发展合作组织理事会成员中的ICT领域提供商，华为企业BG能源系统部总裁季翔在大会上发布了"华为创新实践促进全球能源互联网发展"的重要成果，他表示："华为提出'新ICT，比特驱动瓦特'的理念，以瓦特云化、光随电走、物联增值等价值主张，致力成为智能电网建设的最佳合作伙伴和一站式ICT提供商。"

会上还展示了华为在能源互联网方面的一系列进展，包括华为与国家电网联合承接国家重大科技项目"高效能云计算数据中心关键技术与装备"，依托领先的技术和产业优势，构建自主可控的高效能云计算数据中心标准。华为与国家电网、南方电网等单位积极探索5G技术在电力行业的应用，来满足电力行业未来的业务发展需求。

产业互联网中侧重于“工作机”的部分，就是范围更广泛、市场空间更大的工业互联网。工业互联网的概念最早由通用电气（GE）于2012年提出，随后美国五家行业龙头企业联手组建了工业互联网联盟（IIC），将这一概念大力推广开来。除了通用电气这样的制造业巨头，加入该联盟的还有IBM、思科、英特尔和AT&T等ICT企业。

工业互联网的本质和核心，是把设备、生产线、工厂、供应商、产品和客户紧密地连接融合起来。它可以帮助制造业拉长产业链，形成跨设备、跨系统、跨厂区、跨地区的互联互通，从而提高效率，推动整个制造服务体系智能化，还有利于推动制造业融通发展，实现制造业和服务业之间的跨越发展，使工业经济各种要素资源能够高效共享。

工业互联网也被称作美国版工业4.0，它与德国2013年提出的“工业4.0”以及“中国制造2025”，其核心都是通过数字化的转型，提高制造业的水平。

尽管工业互联网在美国率先提出，但是这一项目的推进需要制造业、通信、IT的相互配合，特别是需要5G网络的部署落地。然而各个巨头各自为战，效率低下，而且美国也缺少能够快速高效部署5G的通信设备商。而这些正是华为的强项。

华为的工业互联网项目不仅已经成为现实，而且数量还在迅速增长。

比如，华为与长虹在IaaS（基础设施即服务）、工业PaaS（平台即服务）、IoT（物联网）等领域深入合作，联合创新，支撑长虹未来构建2500机理模型及微服务组件，打造300个工业App，在产品外延服务领域，覆盖700万智能终端，同时，将工业互联网的能力外放给50家上下游企业，为1000家开发者服务，打造工业互联网的新生态，建成四川区域工业产能地图，内容涵盖全川90%以上企业。

2018年9月，宁波市经信委、宁波市高新区联合华为公司及华为的生态伙伴，共同推出面向工业企业的宁波沃土工场。华为为企业提供高效敏捷的软件开发服务、工业AI等服务。同时，华为联合SAP、达索、ANSYS、和利时、金蝶等生态伙伴，打造5个联合创新中心，孵化了智慧企业、协同设计、仿真云、设备（智能运维）云、数字化工厂、AI视觉检测等联合解决方案，推动100家以上企业上云。目前，华为工业互联网的合作伙伴包括石化、汽车、冶金、工程机械、电力、电子制造、装备制造等各行各业，在全国各地推动工业互联网落地与实践。

工业互联网在中国的大范围部署，还具有更加深远的战略意义。英国、美国等发达国家实力相对下降，核心都在于制造业的脱实向虚。工业互联网使得整个工业产业集群进一步提升效率。其他第三世界国家便宜的人力成本，相对于工业互联网带来的效能提升，将显得微不足道。巨大的网络效应，将极大减少中国制造业脱实向虚的可能。除了能源互联网和工业互联网，华为的产业互联网解决方案还包括智慧城市项目和车联网，这是侧重于“连接机”和“控制机”的部分。到目前为止，智慧城市包含三个阶段：

第一阶段：2016年提出基于智慧城市解决方案架构的“一云、二网、三平台”，包括物联网和城市通讯网、业务使能平台、大数据平台和城市运营管理平台。

第二阶段：2017年宣布打造城市神经系统。华为认为，在整个城市运营和管理过程中，不仅仅需要城市大脑，更需要中枢神经系统，还包括城市本身的周边系统，实现城市的万物互联，信息由下向上可达，一些指挥和指令由上到下进行传递。

第三阶段：发布城市智能体。华为认为，城市本身是人类发展史上最伟大的市场，随着云计算、大数据、人工智能、移动互联网、信息化等相关技术的更多产业化应用，城市必然会发展成为具有生命力的智能体，实现自我演进、自我生长。

可以看出，智慧城市方案还在不断演进之中，城市将如同一个有智慧的生命体，市民生活变得更加便利，城市管理变得更加隐形且高效，经济运行效率会大幅提升。

举个例子，深圳作为国内一线城市，原本也是一个“堵城”。自2017年开始，深圳市交管局便与华为合作，利用全球领先的云计算、大数据、人工智能等技术打造华为云TrafficeGO交通智能体解决方案。

以感知智能为例，采用同时抓拍4车道车辆、200张人脸的人工智能摄像机，是业界水平的4倍；而在认知智能方面，华为与深圳交管局联合创新，设计了100多种基于交通场景的人工智能算法，实时优化交通信号灯的控制策略。过去是车看灯，读秒数通行；现在是灯看车，读车数放行。结果平均车速提升了15%。深圳在2019年一季度全国拥堵城市排名第46，在一线城市中排名最低，已经摘掉了“堵城”的帽子。

三、纵横捭阖，须弥芥子

早在2013年，华为便宣布推出车载模块ME909T，并成立“车联网业务部”。随后数年间，华为从“端、管、云”三个维度进行车联网布局。

“端”是车联网的“器官”，主要指智能汽车终端，涵盖智能驾驶舱、智能驾驶、智能动力和智能网关等不同场景；“管”是车联网的“神经”和“血脉”，通过智能联网实现车与车、车与人、车与路侧单元（RSU）以及车与云的互联互通和相互协同；“云”是车联网的“大脑”，包括自动驾驶训练系统和车联网云平台，为车联网提供云端算力和服务内容。

2019年4月上海国际车展期间，华为作为一个ICT厂家，首次以一级供应商的身份登台亮相，却几乎成为这次车展的主角。华为轮值董事长徐直军做了《迎接汽车产业与ICT产业的融合》的演讲，显示了华为对于车联网的战略构想：华为不造车，聚焦ICT技术，帮助车企造好车。

华为所表达出的战略是：致力于成为面向智能网联汽车的增量部件供应商，不去碰传统车厂和配件商的既得利益，而是与其在新领域展开合作，共同做大蛋糕。

这就与美国电动车企业特斯拉的战略区别开来：特斯拉的战略类似苹果，致力于建立一个自成体系的电动车生态，这就会与传统车厂形成“创造性破坏”的竞争关系。由于利益所向，整个汽车行业都会成为特斯拉的敌人。若干年前的华为也是如此，跟竞争对手正面抗衡，最后陷入“伤敌一千，自损八百”的恶性竞争。

如今的华为规模大了很多，身段也柔软了许多，通过后撤一步，只做自己擅长的ICT领域，与各个厂家形成智能汽车的产业同盟，助推整个产业的发展，于是整个汽车行业都成为华为的朋友。

美团的创始人王兴对华为推崇不已。他在社交媒体上发言：“华为是中国当之无愧首屈一指的高科技企业，为什么媒体还没有广泛使用HAT（Huawei，Ali，Tencent）来代替BAT？科技企业已经各种跨界了。”

王兴有个著名的“纵横战略”：“一纵”，深耕餐饮产业链，建立无可争议的统治地位；“一横”，利用“一纵”形成的用户流量向本地生活服务各个门类扩展，最终形成本地生活服务平台。

美团自称聚焦于“吃”，却被外界看作无界扩张的典范。初期的美团带有很强的竞争基因，有人戏称“半个互联网都成了美团的敌人”。如今的美团也在尝试把身段变得柔软。比如美团打车不再采用正面竞争的姿态，而是后撤一步成为“平台的平台”，利用自身的流量优势和后台服务经验，服务中小网约车平台，形成更加广泛的战略同盟。

王兴有感而发，也许是感受到与华为一比，美团的战略就是“小巫见大巫”了。华为采用了更加高明的“纵横战略”：华为数十年如一日地深耕ICT行业，按照任正非的话，集中炮火向同一个城墙口投入弹药量，形成ICT领域无可比拟的技术优势，以及“端管云”的基础构架，这是华为的

“一纵”；华为的“一横”则是将ICT技术与各个行业深度结合，在“端管云”的基础构架下建立各个行业的生态系统。

在华为最新的愿景中，已经清晰表达了未来的图景：“未来，万物相互感知，相互联接，AI如同空气、阳光，无处不在，无私普惠，物种抹去隔阂，族群抹去猜忌，地域抹去疆界，甚至连星际宇宙都抹去神秘。让我们一起把数字世界带入每个人、每个家庭、每个组织，构建万物互联的智能世界。”

未来世界将是数据与AI驱动的世界，整个世界将连接为智能网络，智能云就如同这一网络的大脑。终端的范围相对于今天的智能手机将大幅扩展，包括汽车、家电、生活用品、路灯甚至许许多多现在还无法想象的设备，它们是智能网络的“手、眼、耳、鼻”，是虚拟世界与物理世界关联的媒介，这套架构被称为“边缘计算+云计算”，而实现数据存储和流动的则是各种各样的通信设备。

要实现这一切，就需要“端管云”之间的密切连接与相互配合。放眼世界，能同时做到“端管云”兼备的，只有华为。华为的目标是将ICT技术带给各行各业，建立更为广泛和深入的联接，做未来世界的“数字底座”，实现百花齐放的生态共荣。

按照任正非的话来说，华为的定位是为行业提供一块“黑土地”，华为的一切努力都是围绕着增强土地肥力，以便合作伙伴们能够“多打粮食”。

如果这个构想能够实现，那么华为的“无界扩张”，要比以“无界扩张”著称的美团宽广得多。

商业界一直争论的“多元化与专业化”的矛盾，在华为这里得到了完美的统一。华为是一家极为专注的公司，创立三十年来专注于信息处理与传输技术；正因为专注，它又成了一家极为多元的公司，其多元性甚至要远超常人的想象，几乎要扩展到国民经济的方方面面。这里面颇有佛家“须弥芥子”之感：偌大的须弥山可以纳入极为微小的芥子之中。

用现代科学的语言来说，华为做到“多元化与专业化”统一，其实是分形结构在商业上的表现。宇宙是一个分形，任何一个局部微小尺度展开来看，都存在不亚于宇宙星系的复杂结构。商业中也是一样，任何一点深入下去，都会呈现出极为复杂的结构，甚至能够映射到整个宏观经济。

根据华为发布的全球产业展望GIV 2025（Global Industry Vision 2025），到2025年，个人智能终端数将达400亿，全球联接总数达到1000亿，数字经济在全球GDP中的占比将从2017年的17.1%上升至24.3%，规模从2017年的12.9万亿美元增长到23万亿美元，其中新增的部分主要来自产业互联网，仅来自制造业的贡献就高达6.4万亿美元。

产业互联网必然是中国取得快速突破的领域。

按照目前的发展态势，如果把中国经济比喻成一棵大树，其中相当大的部分由数字经济构成，而华为极有可能成长为这棵大树数字经济部分的根系。

四、什么是华为

华为建立三十多年来，不断突破边界，从一家微不足道的皮包公司成长为中国乃至世界的数字底座，这是商业史上最波澜壮阔的史诗。

什么是华为?

我越研究它，却越看不清它。

华为最初是一家通信公司，诞生于“七国八制乱中华”的艰难岁月，建立初期就在家门口与国际通信巨头竞争，从最简单的零件组装起家，以客户为中心，以奋斗者为本，一步步赢得市场认可，成为国内首屈一指的通信设备提供商。这是华为“管”的来源。

华为突破通信公司的边界，涉足互联网数字通信领域，深入互联网缔造者思科最为看重的企业业务领域，与后者进行长期交锋，最终成为有竞争力的企业云服务商。这是华为“云”的来源。

华为再次打破企业客户业务的边界，涉足个人客户的终端业务，与全球最顶尖的终端公司较量，获得“坐二望一”的优异成绩。这是华为“端”的来源。

如今，华为的竞争对手几乎囊括了全球ICT行业所有顶尖的国际大公司。

在语音通信领域，华为的竞争对手包括了欧美所有拥有悠久历史的通信巨头。如北美的AT&T（朗讯）、摩托罗拉、北电，欧洲的阿尔卡特、西门子、诺基亚、爱立信。然而，这些巨头如今只剩两家，一家是来自瑞典的爱立信，另一家则是朗讯、阿尔卡特、西门子、诺基亚、北电、摩托罗拉合并而成的联合公司。在5G时代，华为已经成为全球通信领域无可争议的领导者。

在互联网数据通信领域，华为的竞争对手是互联网的缔造者，曾经全球市值第一的思科公司。思科利用互联网的幂律法则，曾经打着望远镜都看不到对手。

在终端硬件领域，华为的竞争对手是这一领域的王者三星和苹果。如今三星和苹果的份额都在随着智能手机出货量下降而下滑，而华为则逆势上涨。

在终端软件领域，华为的竞争对手则是安卓生态的缔造者谷歌，甚至还包括PC霸主微软。原本华为操作系统只是作为战略预案，并未与谷歌进行直接竞争。但是美国打压的形势，逼得华为不得不拿出已经研发七年的操作系统“鸿蒙”。鸿蒙是横跨手机、电脑、电视、穿戴设备、车联网终端、物联网等各个生态一体化的操作系统，代表着未来操作系统的发展方向。比鸿蒙早一步诞生的方舟编译器，是瓦解分化谷歌阵营，快速建立鸿蒙生态的利器。

在集成电路领域，华为的竞争对手是高通和三星。从被消费者嫌弃唾骂，到被市场广泛认可，华为海思芯片只花了六年时间。从现在的形势看，华为海思芯片肯定要走上与英特尔、英伟达竞争的局面。

在产业互联网和云服务领域，华为的竞争对手则是通用电气、谷歌、微软、亚马逊和IBM。这是美国历史上以及现在最有影响力的一组超级公司。

华为在与巨头竞争的同时，也设定了自身的边界——“下不碰数据，上不碰应用”，这样才能在深耕主航道的同时，与合作伙伴建立广泛的利益同盟和繁荣的生态系统。

华为并不是一个人在战斗，而是打造以华为ICT技术为核心的“联合舰队”，建立最广泛的“统一战线”，这个战线里面甚至还包括美国公司以及被华为联合舰队优质低价服务惠及的美国民众。

华为为什么能形成今天这样的局面？

任正非将中国传统文化中的精华以及毛泽东思想与商业实践相结合，同时吸收西方商业实践中优秀的部分，走出了一条中西合璧的特色之路。华为既是中国最全球化的公司，也是最具有中国特色的公司。

华为为什么能持续创新？为什么总能后发先至？因为华为能真正将创新理论贯彻到底，甚至固化到组织机制中。华为建立的前台“铁三角”呼唤炮火，中后台快速给予火力支援的创新机制，是当今世界最为先进的创新方法论。

美国创新理论大师理查德·福斯特说，创新往往起源于边缘。

如何实现边缘创新？华为坚持“以客户为中心”，并非简单地倾听主流客户的主流需求，而是在满足客户主流需求的同时，不断主动探测客户的边缘需求，并针对性地研发相应产品，填补市场空白。

福斯特的弟子克莱顿·克里斯坦森说：导致大公司陷入创新者窘境的因素，往往是被后来者低端颠覆。

任正非在创业早期，正是熟练运用毛泽东思想进行“农村包围城市”，对通信巨头实现了伟大的低端颠覆。华为已经成长为行业领袖，如何防止被低端颠覆？

华为主动建立不同价格的产品组合，占领从头部到长尾的各级市场，主动进行降价，不给后来者低端颠覆的机会。主动探索更便宜、更简单的技术，主动颠覆自身。

所谓“创新者的窘境”，本质上并不是技术创新的问题，而是走上以利益为中心的精英化、高端化道路，最终“擅天下之利”“自绝于人民”。实现低端颠覆的本质，并不是非要颠覆谁，打败谁，而是以满足人民群众日益增长的需求为出发点，始终坚持“同天下之利”“全心全意为人民服务”。

通信网络发展到今天，历经2G、3G、4G时代，成为层层叠加建设起来的复杂网络。华为在这上面进行了大量技术投入，积累了丰富的技术资产（也是历史包袱）。通常大公司都会陷入价值网束缚当中，难以抛弃过去的积累另起炉灶。然而华为主动放弃历史积累，主张站点简化、架构简化、协议简化和运维简化，打造端到端的5G极简网络。

为何全球运营商都难以拒绝华为的5G方案？因为华为方案在规格、性能、容量上追求极致，真正站在客户视角，帮助他们把每一分钱节省下来。这是站在产业领导地位的华为对整个行业的“低端颠覆”。

华为的创新效率为何如此之高？

因为华为深刻理解了约瑟夫·熊彼特所说的“组合创新”的精髓，建立了高效的“组合创新”引擎。一方面，华为内部采用纵横矩阵式技术管理体系，分门别类维护各项核心技术，基于市场需求实现各类技术快速组装，高效生成创新产品。另一方面，华为充分发扬任正非提出的“一杯咖啡吸收宇宙能量，一桶糨糊粘接世界智慧”的思想精髓，充分联接和吸收借鉴外部的研究成果，在此基础上加以改进，从而实现高效技术研发。

比如华为5G方案中关键的极化码[①]，原本源自土耳其教授埃尔多尔·艾利坎（Erdal Arikan）的一篇论文。这篇论文发表后，并未引起产业界的关注。华为研究院发现这篇论文之后，如获至宝，拨出专门款项与这位教授合作研发，最终得到了极富竞争力的编码方案。

华为对于市场需求高度敏感，基于市场需求进行高效创新，因此华为不像其他大公司那样封闭、僵化、惰怠，而是如同一个不断演化的生物体，呈现出“分形创新”的表现。

华为人为什么能做到“万众一心”？

华为建立了“利出一孔”的利益分配机制，以及以宏大使命愿景为支点的战略杠杆。以使命愿景为牵引，以利益激励为保障，以个人自我实现为动力，十八万华为人因为“利出一孔”，所以“力出一孔”。

世界强国的崛起，实际上是公司的崛起，而且强国与代表性的公司之间也具有很强的相似性，类似于分形的结构。

引领美国崛起的通用电气和AT&T，都是金融资本与产业资本结合而成的超级托拉斯。贪婪的金融资本，既在前期驱使产业的兴起，在增长乏力时又化身为饕餮魔兽，吸干了产业的元气，造成空心化。

华为则走上一条符合中国特色社会主义道路的发展路径。华为在发展历程中也借助了金融的力量，但却始终以实业为中心，金融服务于实体经济不动摇。华为采用了员工集体持股的制度，既打破了资本主义劳资对立的魔咒，又实现了能者多得，不奋斗不得食的正向激励，避免了“大锅饭”的弊端。

---

① 极化码是一种前向错误更正编码方式，用于讯号传输。

更为难能可贵的是，华为在任正非的带领下，突破了工业时代牛顿机械世界观的局限，形成了适应信息时代的演化世界观，以耗散结构作为底层理论，建立具有持续活力，能够进行动态新陈代谢的组织架构和机制。华为虽然已经成长为十八万人的企业，却没有表现出“大企业病”常见的症状，仍然表现出旺盛的活力与持续的增长，这在世界范围内都是极为罕见的，是中国企业对于全球商业发展的伟大贡献。

华为探索出来的独特管理方法，值得每一个企业学习和借鉴。